春联挥毫必备

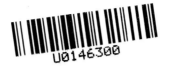

# 史晨碑集字春联

程峰 编

上海书画出版社

《春联挥毫必备》编委会

主编
王立翔

副主编
程峰

编委
（按姓氏笔画排序）
王立翔　王剑　吴志国　吴金花
沈浩　沈菊　张杏明　张恒烟
冯彦芹　张忠　郑振华　程峰
雍琦

# 出版说明

『爆竹声中一岁除，春风送暖入屠苏。千门万户曈曈日，总把新桃换旧符。』王安石的《元日》诗描绘了一幅宋代的春节风俗图：燃爆竹、饮屠苏酒、换桃符。然而，早在一千年前的五代后蜀孟昶那里，桃符已以一副书为『新年纳余庆，嘉节号长春』的春联悄悄改变了形式与内涵：鲜艳的红纸取代了长方形桃木板，吉祥的联语取代了『神荼』、『郁垒』的名字或画像，其寓意也由原来的驱邪避灾转向了求安祈福。春节是我国农历年中第一个也是最重要的传统节日，春联在辞旧岁迎新春的同时，也渗进了农业社会人们朴素的生活理想：国泰民安、人寿年丰、家庭和睦、事业顺利。春联对仗的联语不仅是文字的精妙组合与书法的多样呈现，更是人们美好生活祈向的承载。这些生活祈向，虽然穿越古今，却经久不衰，回荡在一代代人的内心深处。作为这些生活祈向的载体，作为从古代派往现代的使者，春联的命运也同样历久弥新。无论大江南北、农村城市，抑或雅俗贵贱、穷达贫富，在喜气盈门的春节里，都不能没有春联的表达与塑造！

我社出版的『春联挥毫必备』系列，集名家名帖之字，成行气贯通之联。一家一帖集成一书，其内容又以类相从编排，不仅从形式到内容上有力地保证了全书的一致性与连贯性，更便于读者有针对性地、分门别类地欣赏、临摹、创作之用。可以说，一编握手中，一切纳眼底，从书法的字体书体，到文字的各种情感表达，及隐藏其后的对生活的深刻理解与美好祈向，都能在本书中找到满意的答案。

上海书画出版社

# 目录


出版说明

通用春联

春秋终又始　日月去还来 …… 1
细雨六合润　和风万物春 …… 2
春时勤百倍　节日俭十分 …… 3
门庭多喜气　山水遍春光 …… 4
春节百花艳　人间万象新 …… 5
寒雪梅中尽　春风柳上归 …… 6
风和千树茂　雨润百花香 …… 7
新年纳余庆　嘉节号长春 …… 8
烟柳千家晓　风华百里春 …… 9
长空盈瑞气　大地遍春光 …… 10
竹报千家喜　梅开万树春 …… 11
春入门庭多秀色　瑞呈宇宙有光辉 …… 12
大地有色皆日照　人间无时不春风 …… 13
辞旧岁全家共庆　迎新年遍地春光 …… 14
又是一年春草绿　依然十里杏花红 …… 15
岁月更新人不老　江山依旧景长春 …… 16
吉星高照家富有　大地回春人安康 …… 17
东风送暖花自舞　大地回春鸟能言 …… 18
有情红梅报新岁　得意桃李喜春风 …… 19
春光先到门前柳　新岁初开苑内花 …… 20
去岁曾穷千里目　今年更上一层楼 …… 21
人有笑颜春不老　室存和气福无边 …… 22
山河有幸花争放　天地无私春又归 …… 23
花好月圆万事如意　龙飞凤舞合家吉祥 …… 24

丰收春联

畅怀年大有　极目世同春 …… 25
丰年飞瑞雪　好景舞春风 …… 26
迎春接福日　足食丰衣年 …… 27
人勤春光美　家和喜事多 …… 28
东风迎新岁　瑞雪兆丰年 …… 29
庆丰收全家欢乐　迎新春满院生辉 …… 30
五谷丰登生活好　百花齐放满园春 …… 31
丰年有庆普天乐　妙景无前遍地春 …… 32
白雪红梅辞旧岁　和风细雨兆丰年 …… 33
兆丰瑞雪梅中尽　送暖春风柳上归 …… 34

福寿春联

春光辉日月　福气满门庭 …… 35
福如东海大　寿比南山高 …… 36
年乐人增寿　春新福满门 …… 37

心宽能增寿 德高可延年 …… 38
人寿诚为福 家和便是春 …… 39
春回大地风光好 福满人间喜事多 …… 40
山高水远长春景 花好月圆幸福家 …… 41
花随春到遍天下 福同岁至满人间 …… 42
天下皆乐人长寿 四海同春树延年 …… 43
万里东风春又至 一庭紫气福先来 …… 44
风和日丽春常驻 人寿年丰福永存 …… 45
九州瑞气迎春到 四海祥云降福来 …… 46
物华天宝长安乐 人寿年丰大吉祥 …… 47
文化春联
春来瑞雪里 人在画图中 …… 48
文章千古事 花月万里春 …… 49
青山多画意 春雨润诗情 …… 50
诗词千古韵 翰墨四时春 …… 51
文明新风传天下 日暖花开正阳春 …… 52
神传天外诗无草 春到人间笔有花 …… 53
松竹梅岁寒三友 桃李杏春风一家 …… 54
草种吉祥延画意 花开富贵溢春香 …… 55
无边春色诗中画 万里前程锦上花 …… 56
行业春联
生意春前草 财源雨后泉 …… 57
一年好景同春到 四季财源顺时来 …… 58
满面春风迎客至 四时生意在人为 …… 59
自古育才原有道 从来润物细无声 …… 60
爱国春联
红日千秋照 神州万载春 …… 61
江山春不老 祖国景长新 …… 62
伟业千古秀 神州万年春 …… 63
家和百事顺 国泰万民安 …… 64
祖国春无限 人民乐有余 …… 65
喜借春风传吉语 笑看祖国起宏图 …… 66
春归大地千山秀 日照神州万木新 …… 67
东风引紫气江山壮伟 大地发春华桃李芬芳 …… 68
生肖春联
玉兔迎春至 黄莺报喜来 …… 69
金杯醉酒乾坤大 玉兔迎春岁月新 …… 70
丹凤朝阳歌盛世 苍龙布雨润神州 …… 71
横披
吉庆有余 …… 72
五谷丰登 …… 72
福满人间 …… 72
吉祥如意 …… 72
三阳开泰 …… 73
国泰民安 …… 73
人勤春早 …… 73

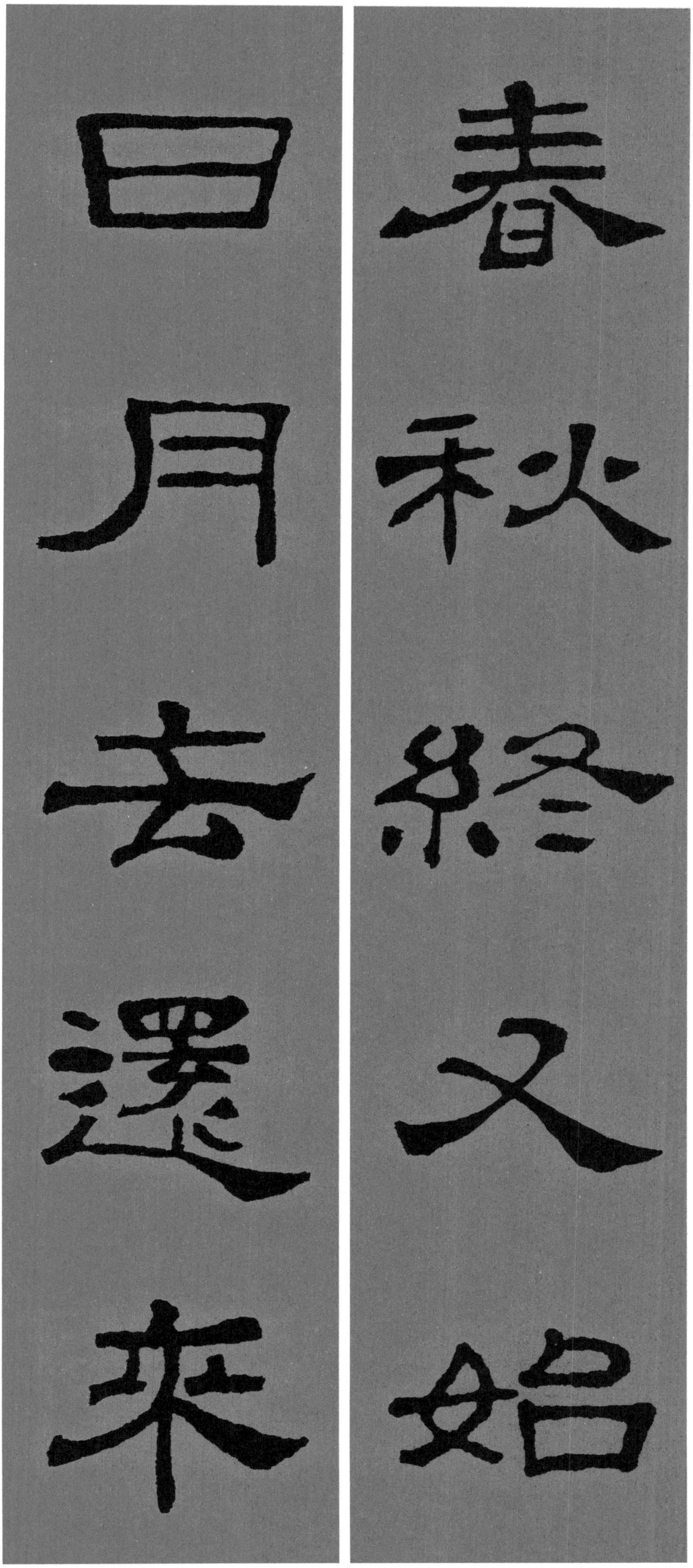


上联—春秋终又始
下联—日月去还来

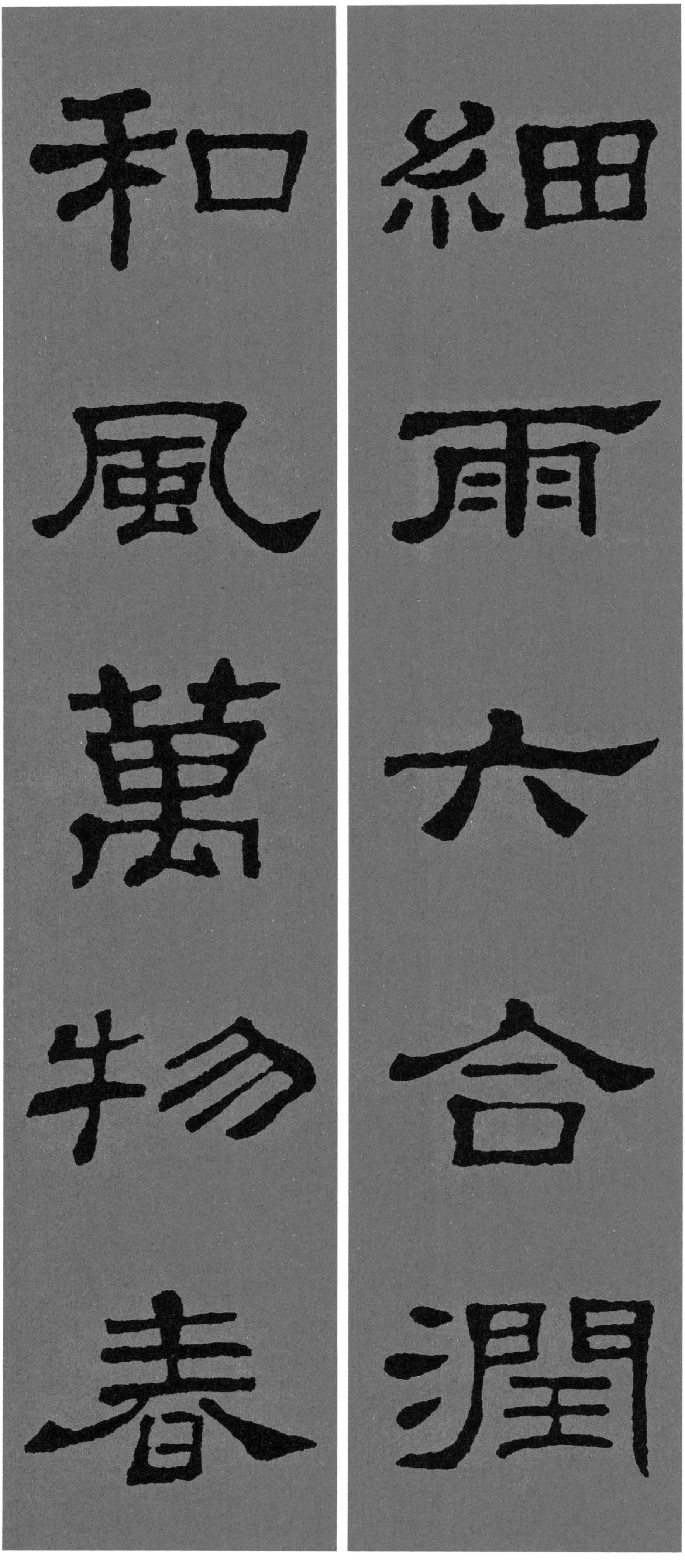


上联—细雨六合润
下联—和风万物春

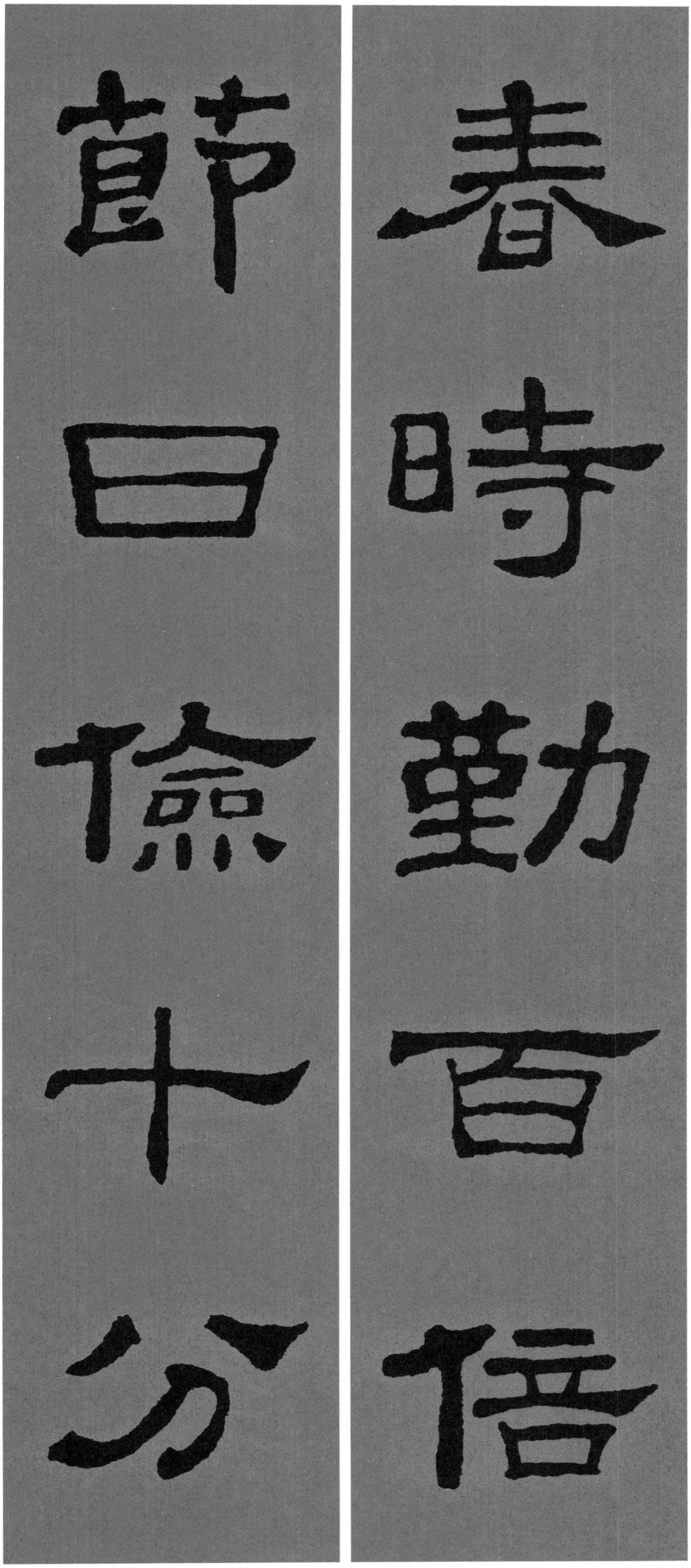


上联　春时勤百倍
下联　节日俭十分

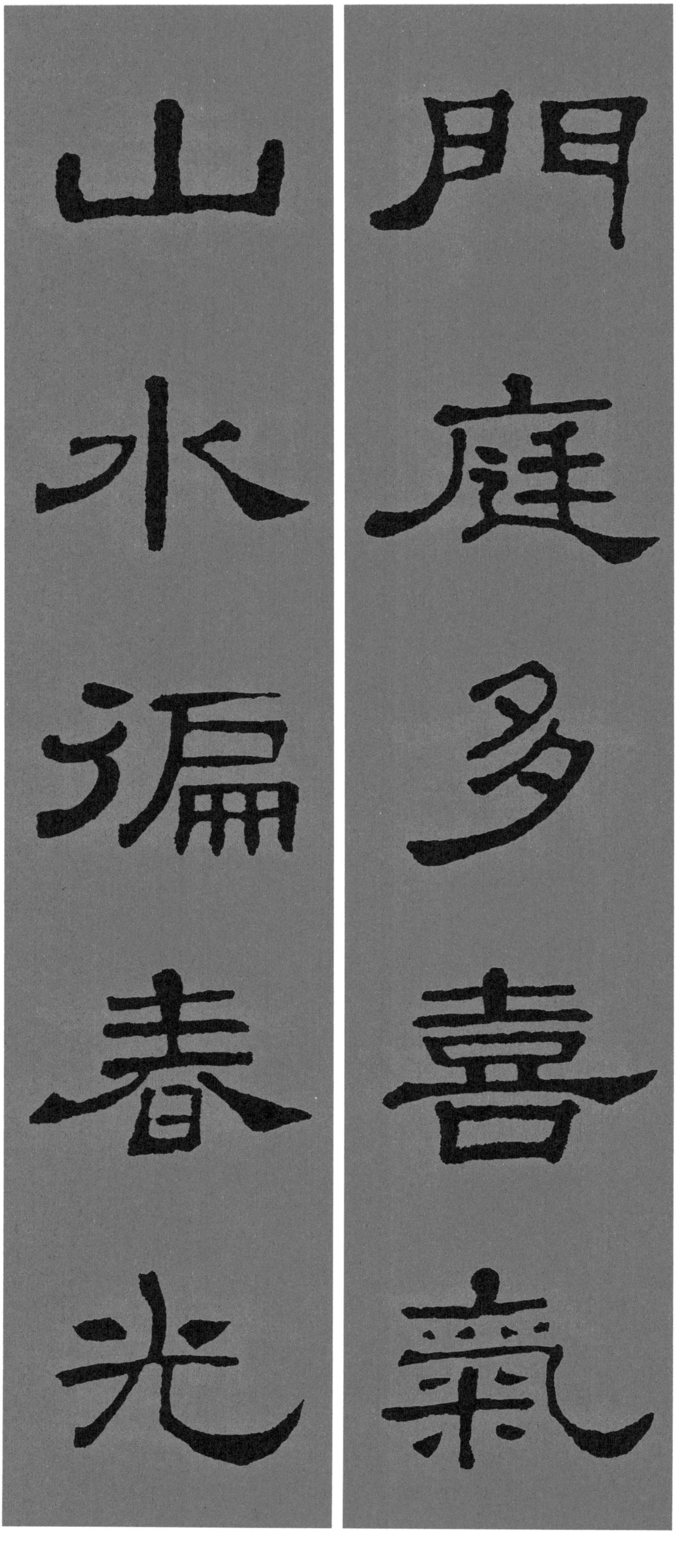


上联— 门庭多喜气
下联— 山水遍春光

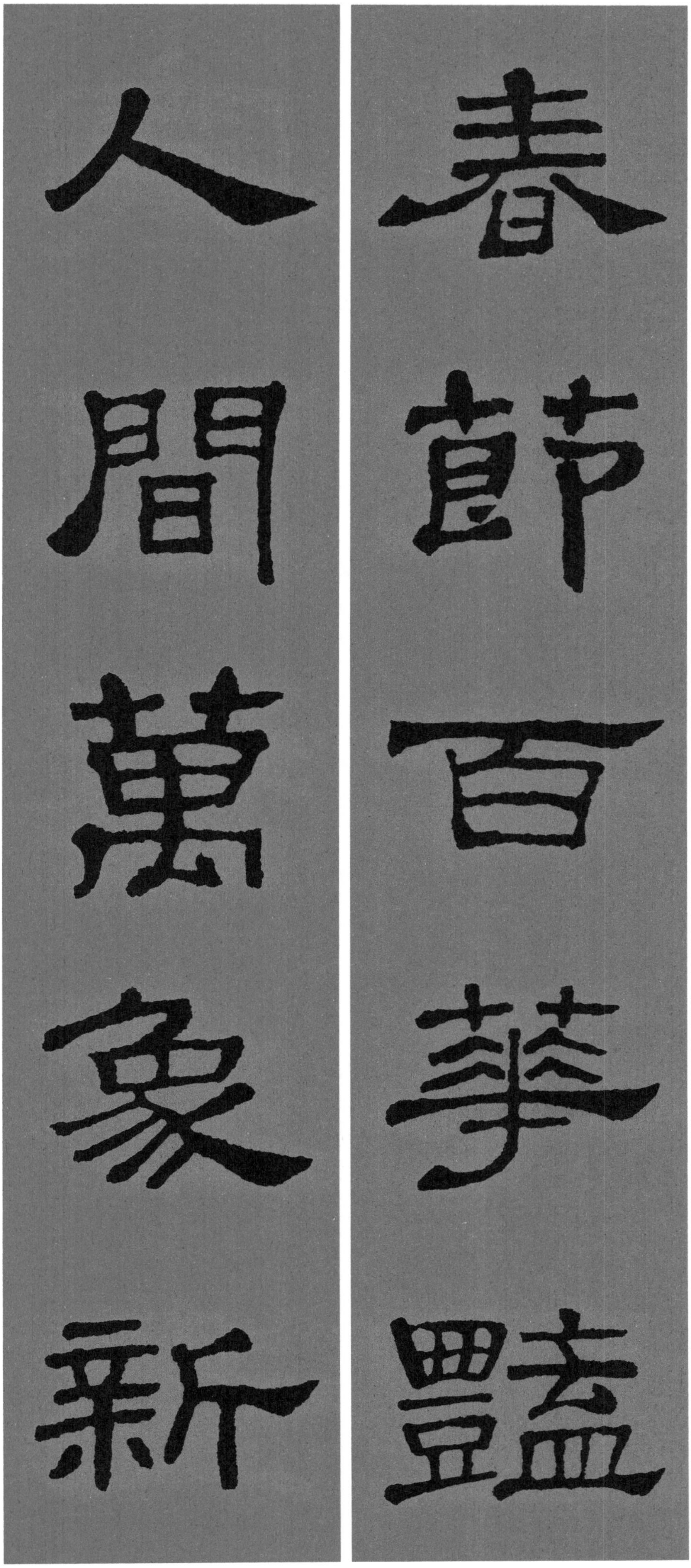


上联—春节百花艳
下联—人间万象新

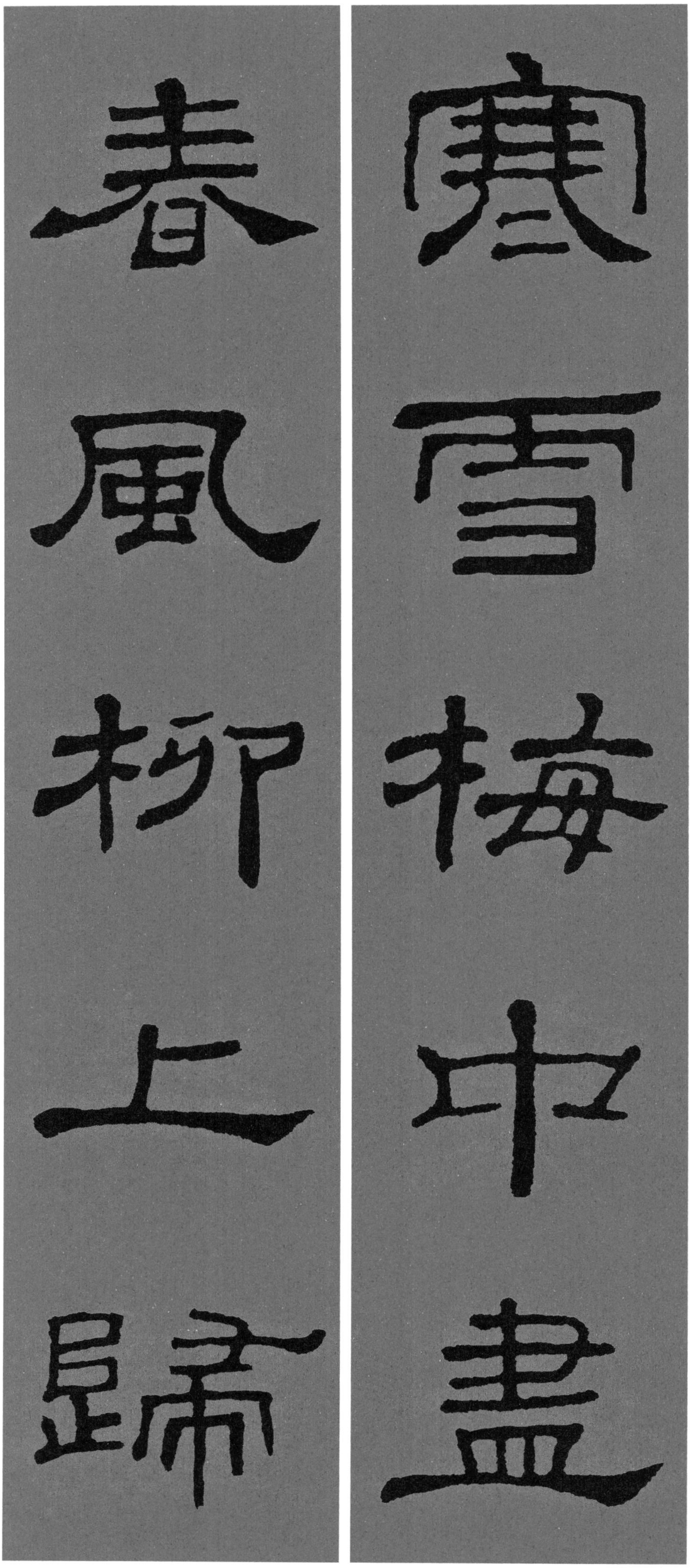


上联—寒雪梅中尽
下联—春风柳上归

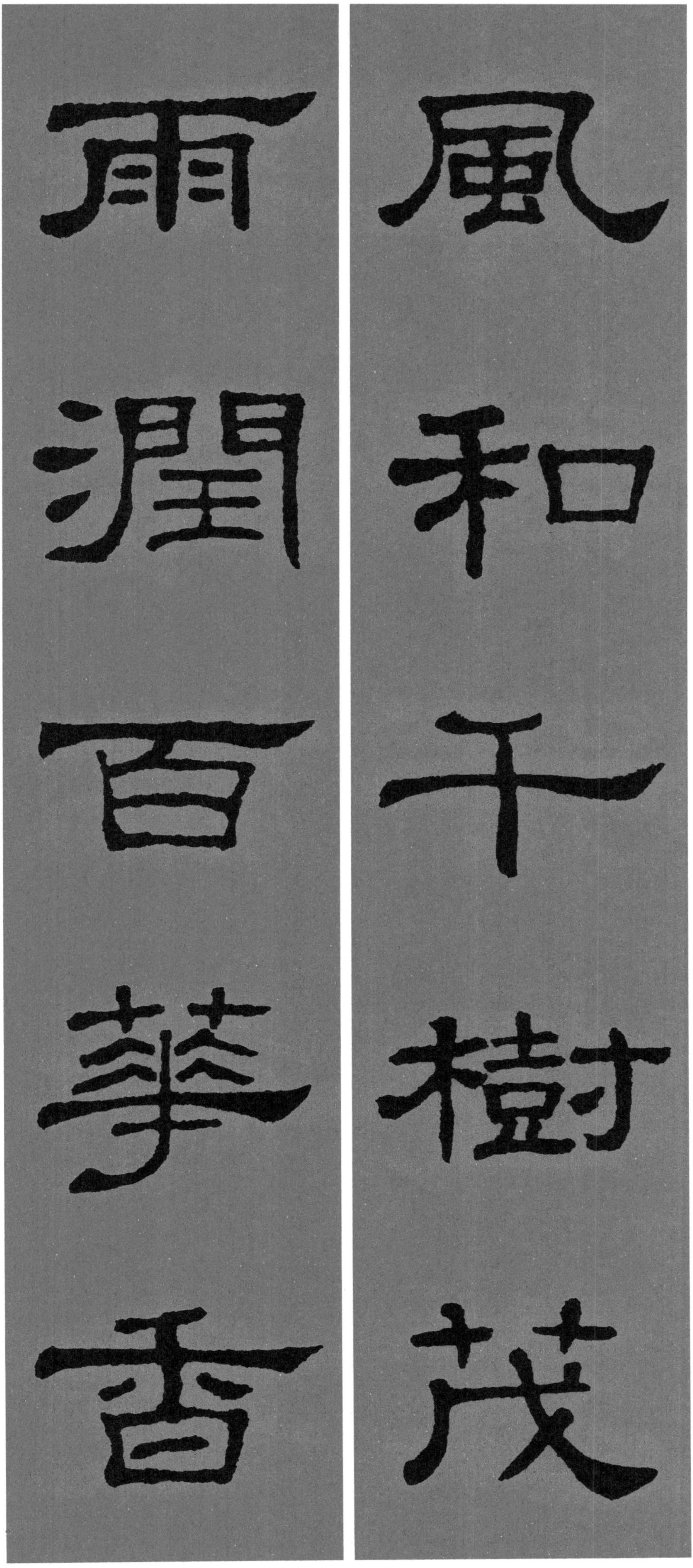


上联| 风和千树茂
下联| 雨润百花香

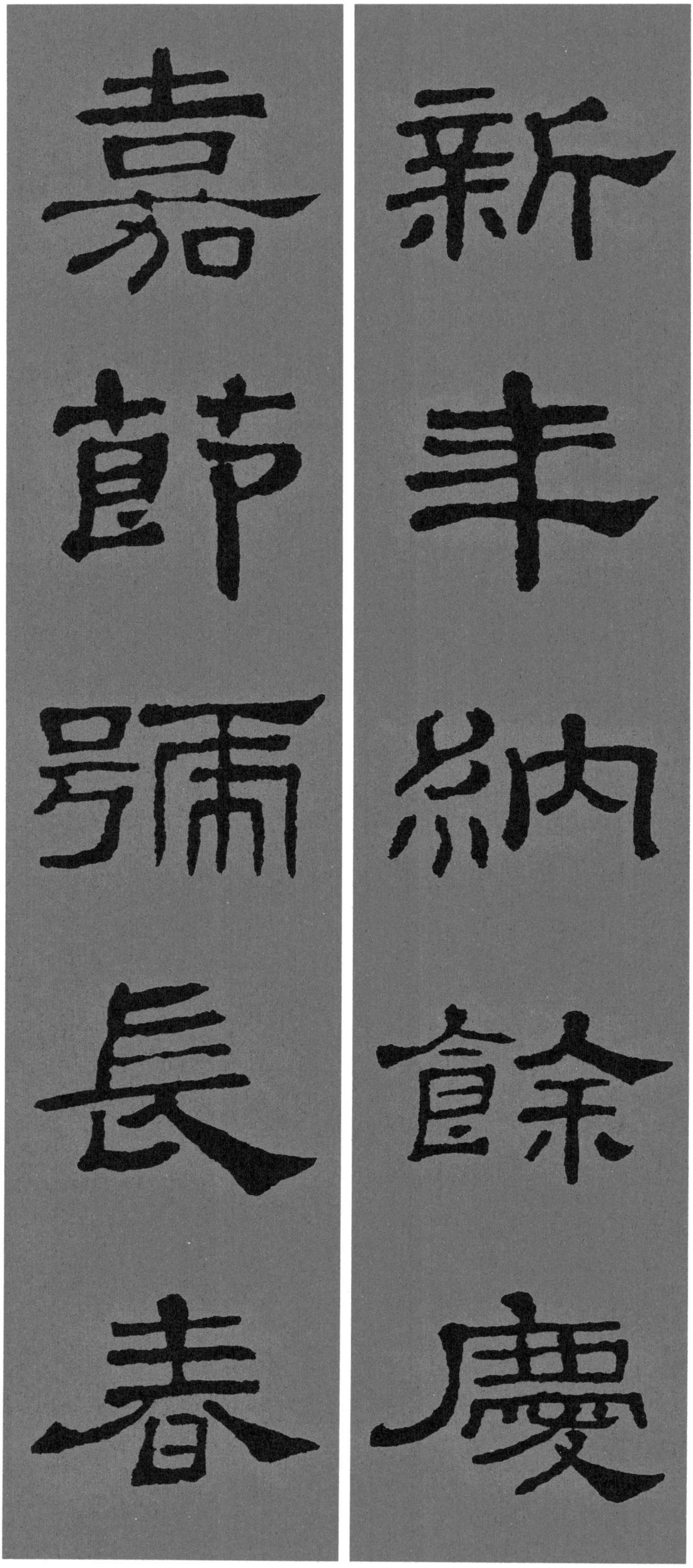


上联—新年纳余庆
下联—嘉节号长春

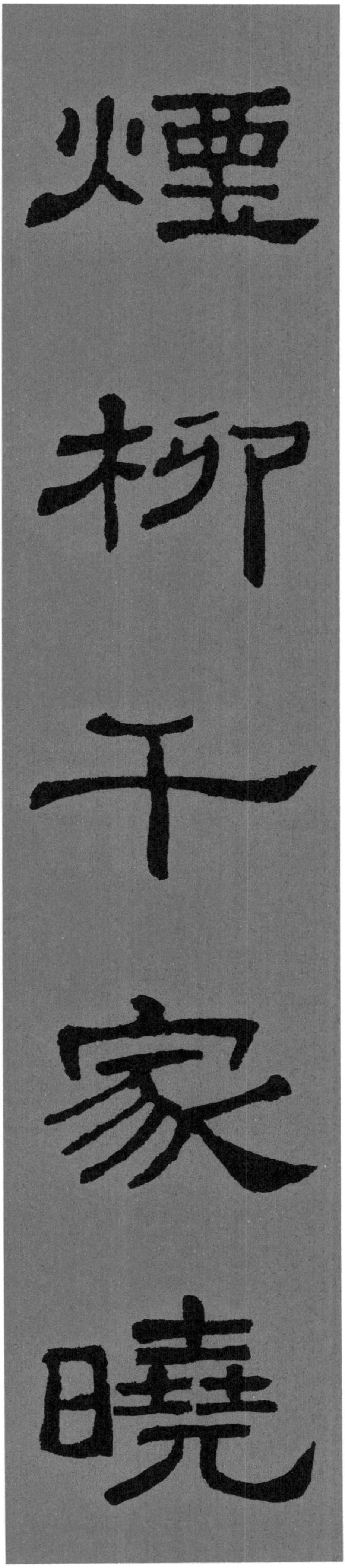


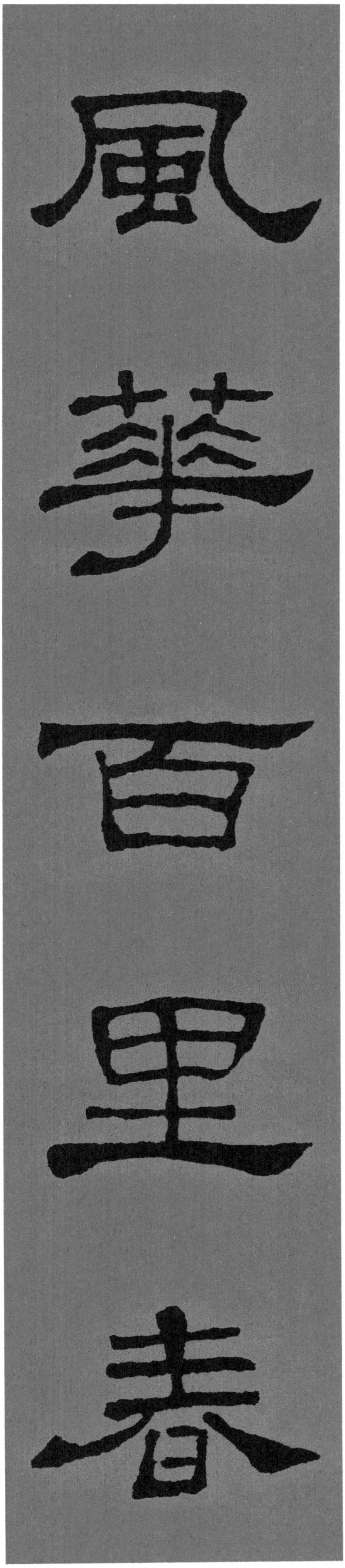


上联— 烟柳千家晓
下联— 风华百里春

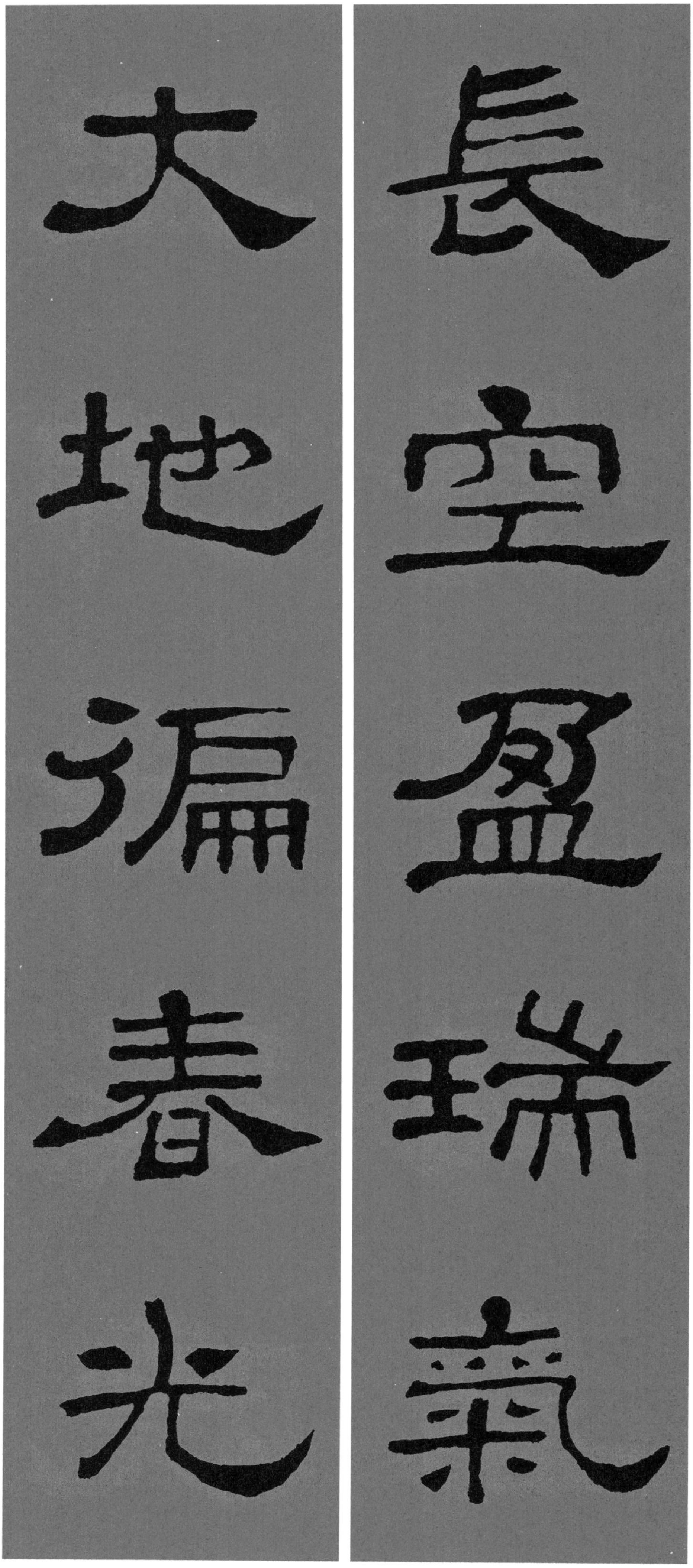


上联—长空盈瑞气
下联—大地遍春光

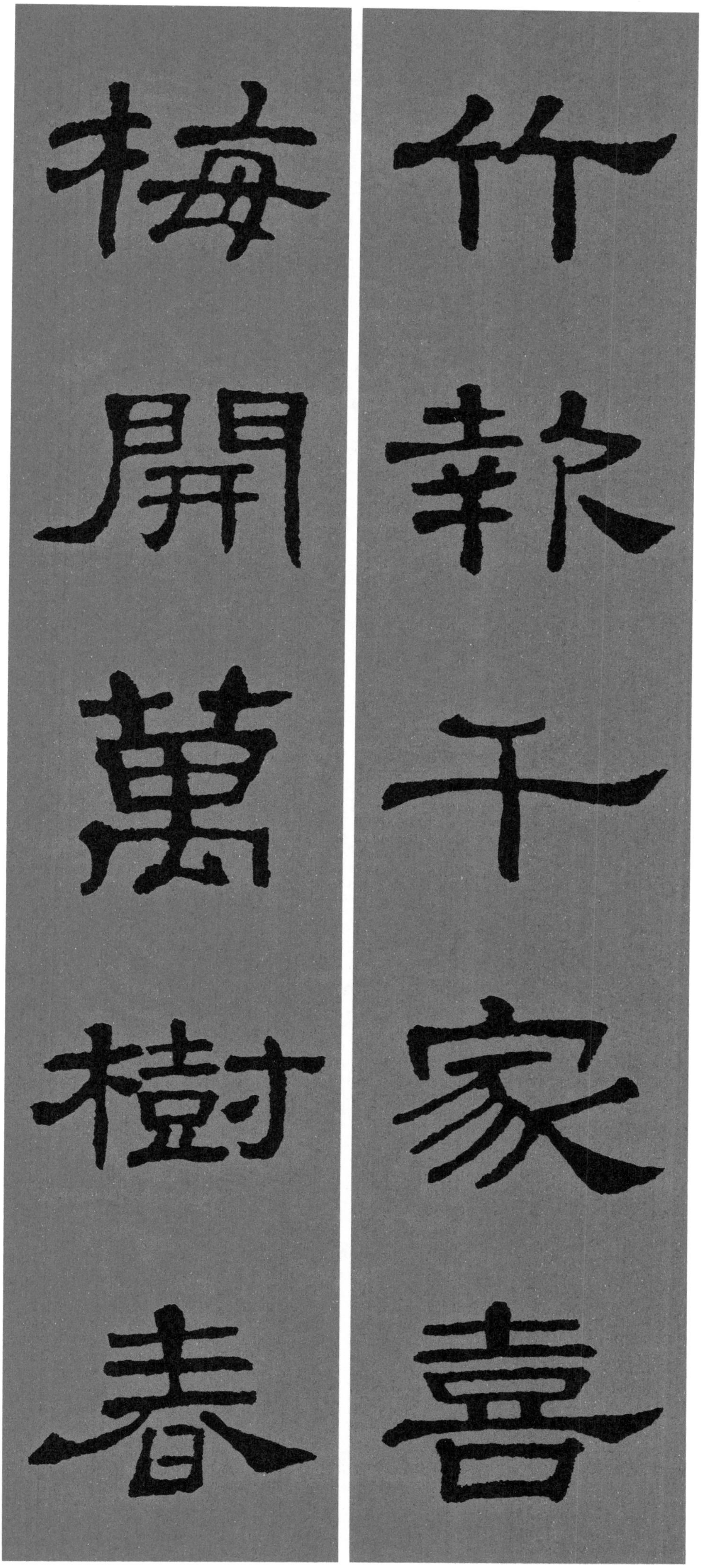


上联一竹报千家喜
下联一梅开万树春

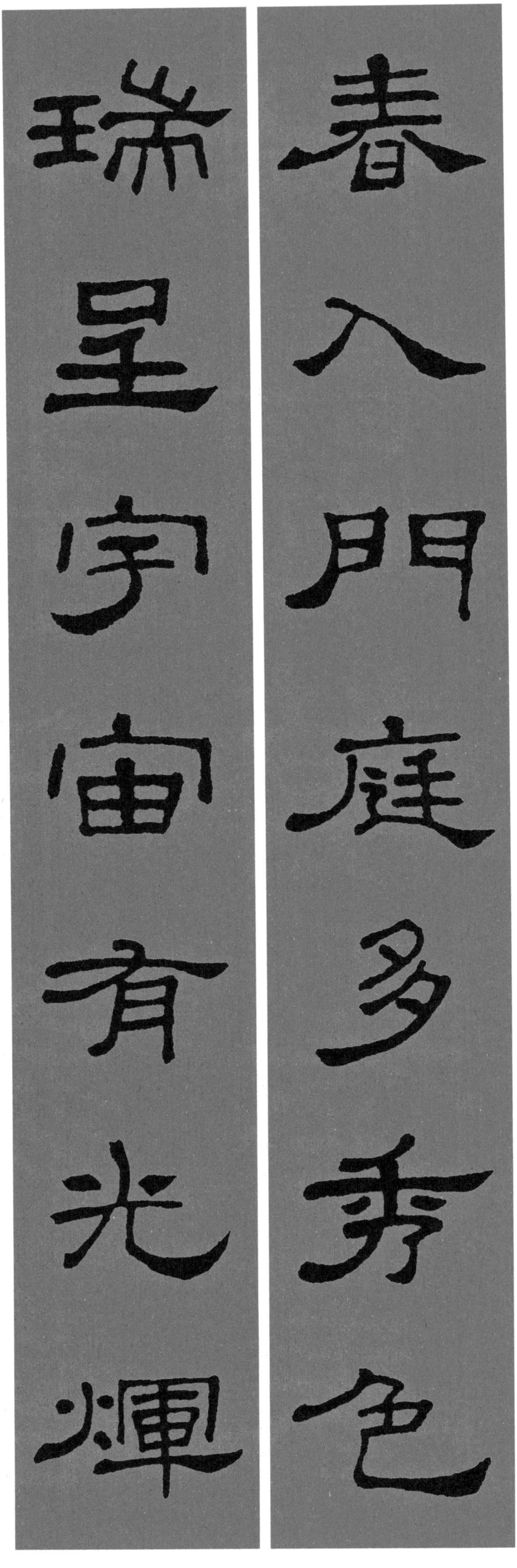


上联—春入门庭多秀色
下联—瑞呈宇宙有光辉

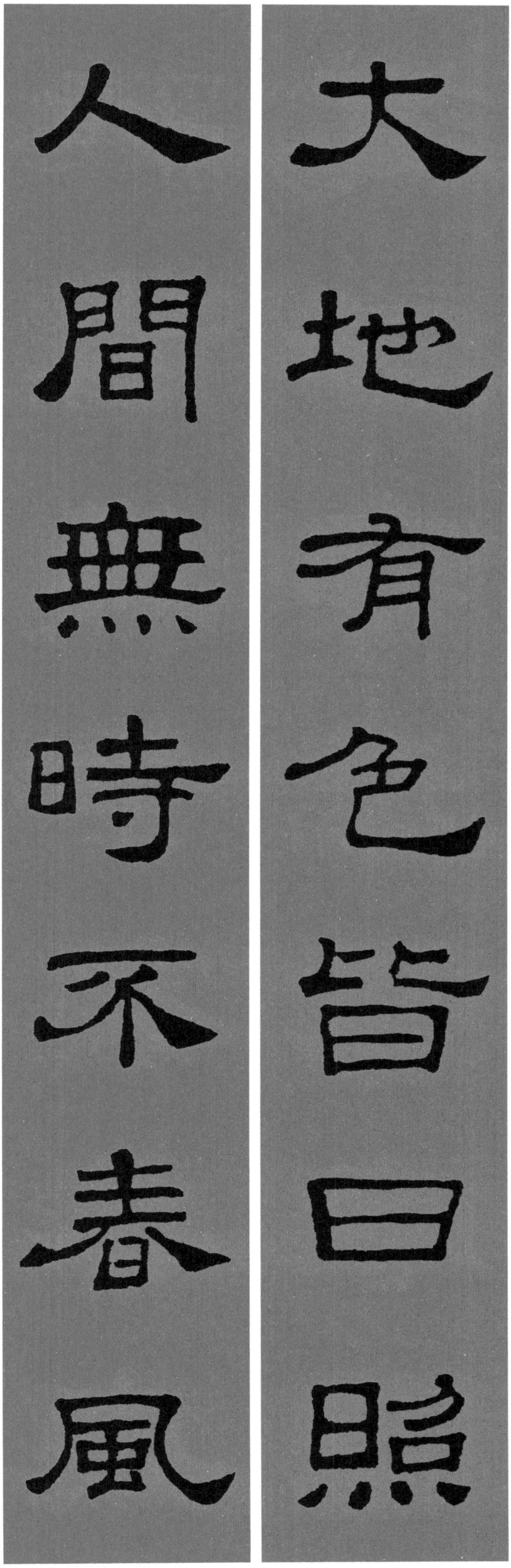


上联—大地有色皆日照
下联—人间无时不春风

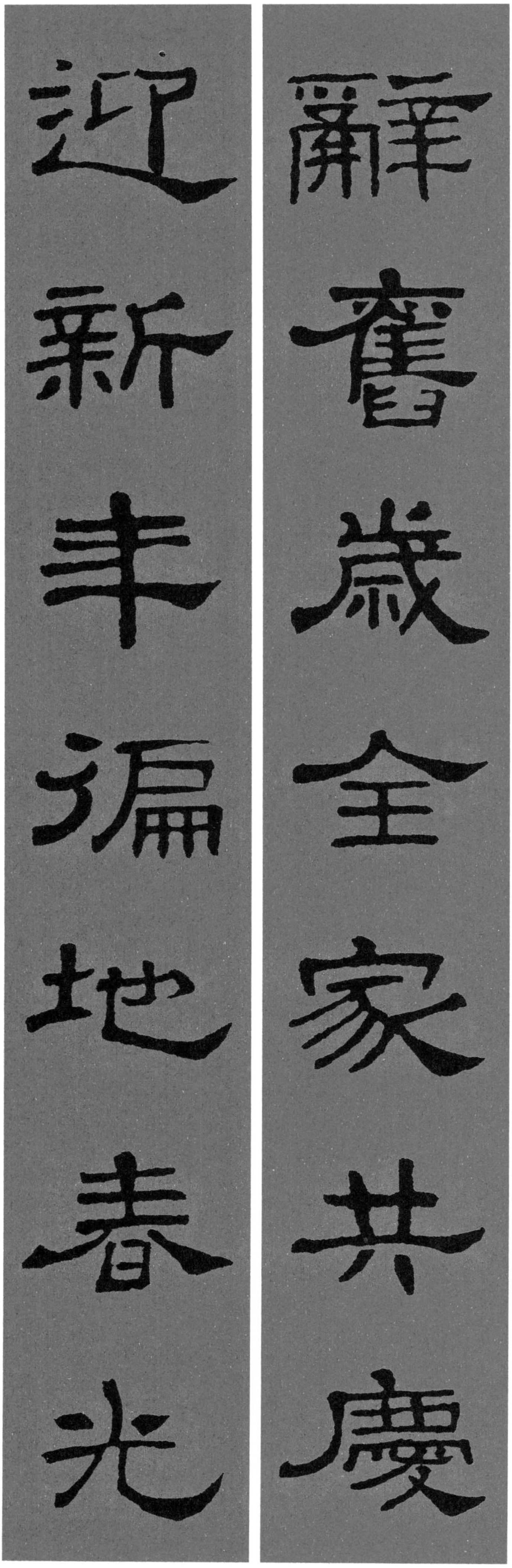
辭舊歲全家共慶
迎新年徧地春光

上联一 辞旧岁全家共庆
下联一 迎新年遍地春光

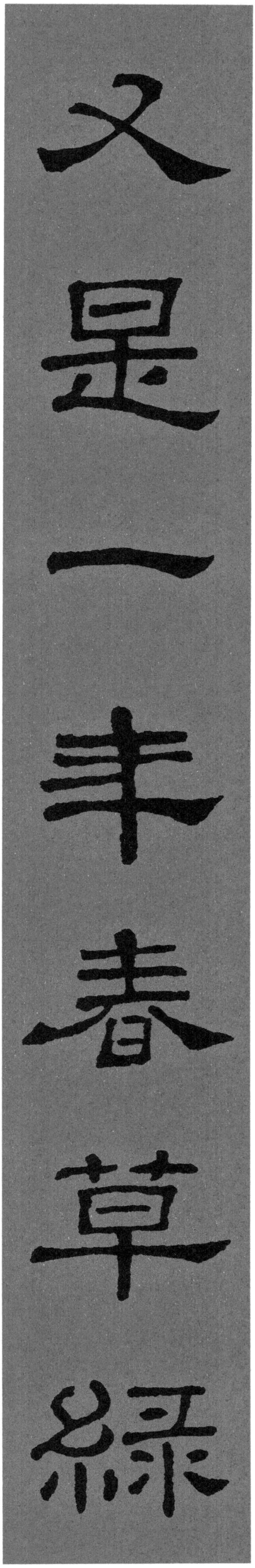


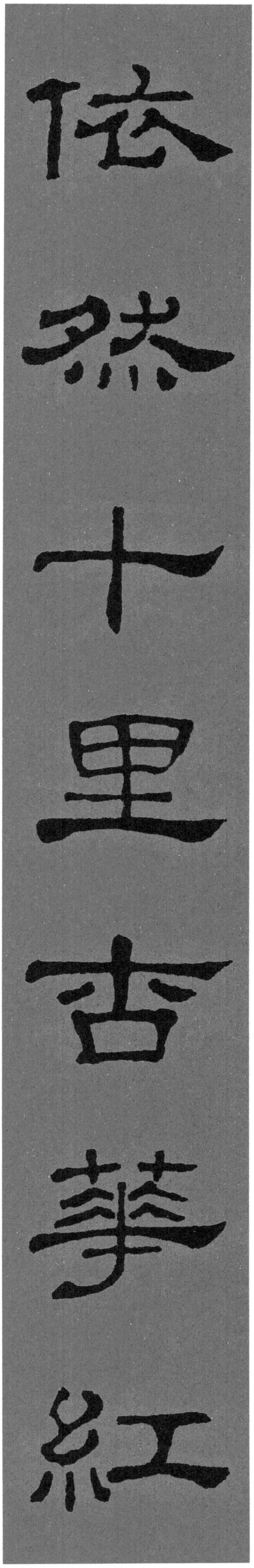


上联—又是一年春草绿
下联—依然十里杏花红

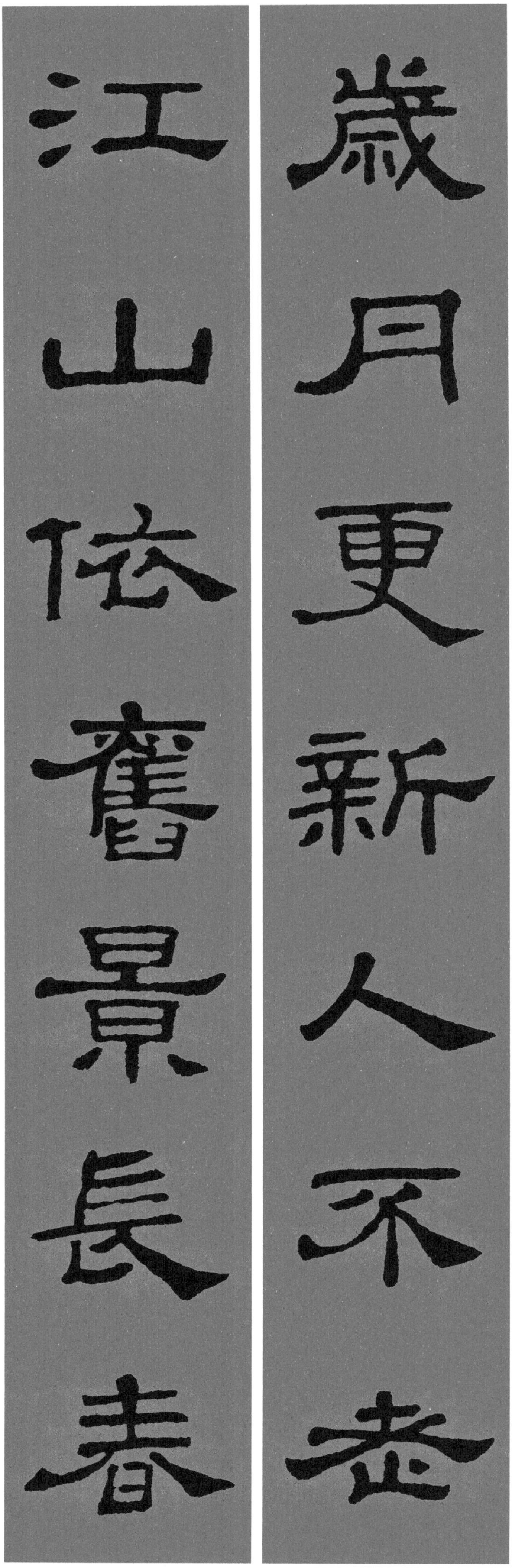


上联—岁月更新人不老
下联—江山依旧景长春

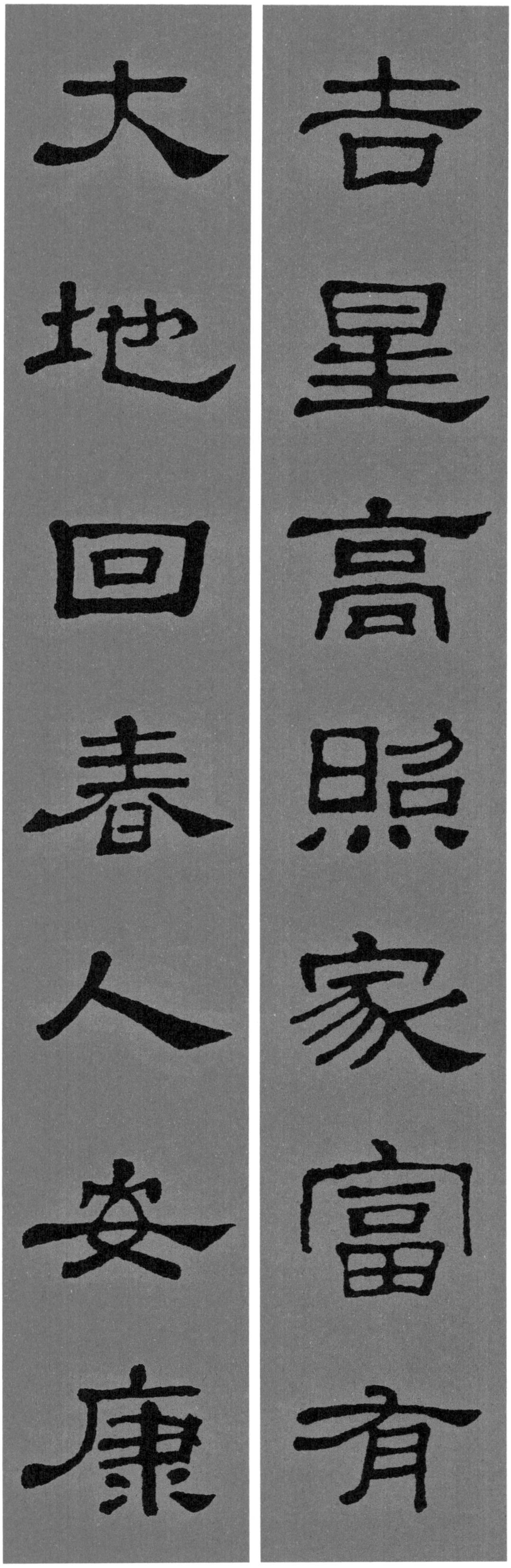

上联—吉星高照家富有
下联—大地回春人安康

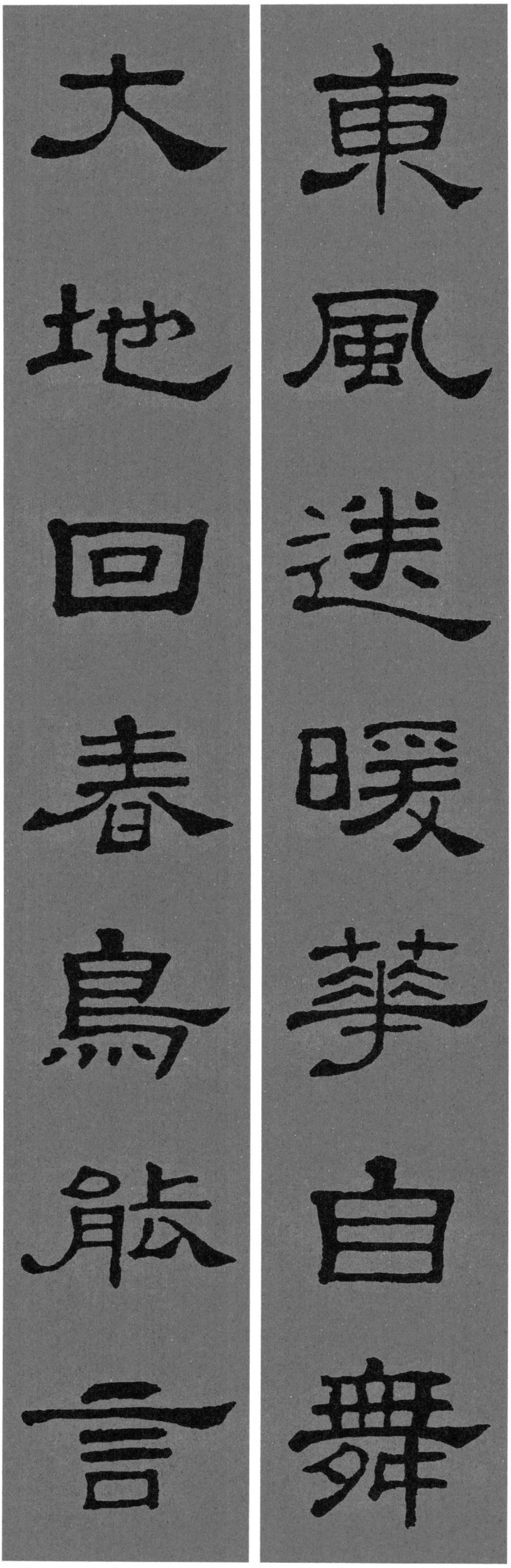


上联——东风送暖花自舞
下联——大地回春鸟能言

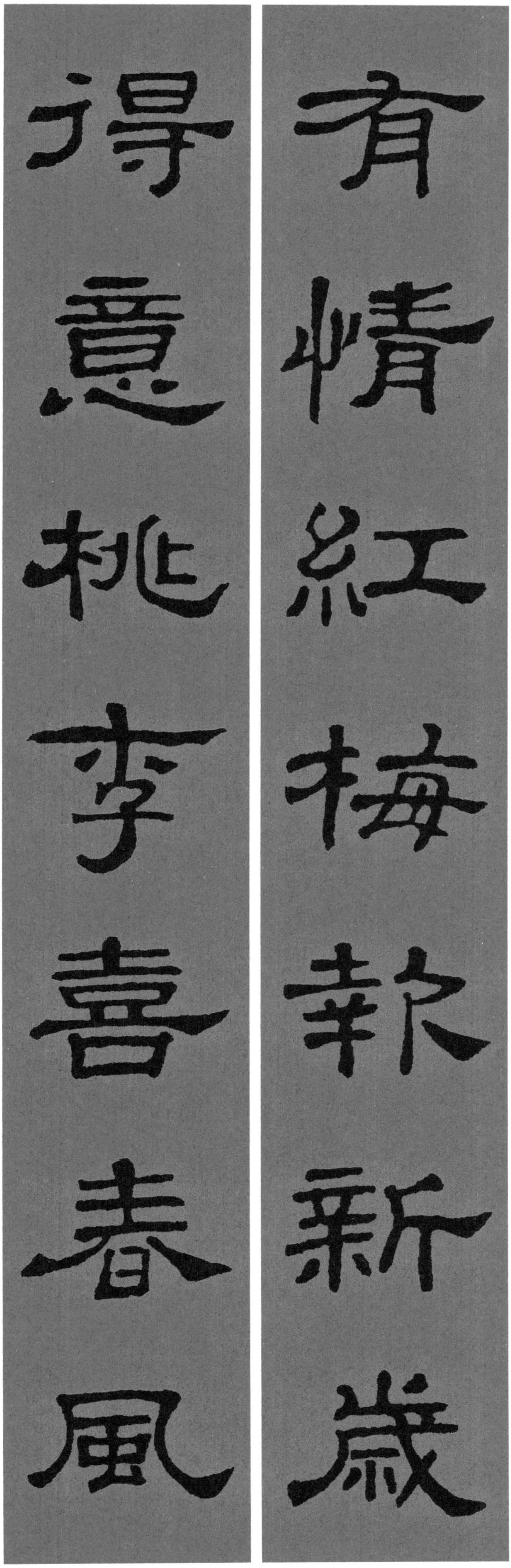

上联：有情红梅报新岁
下联：得意桃李喜春风

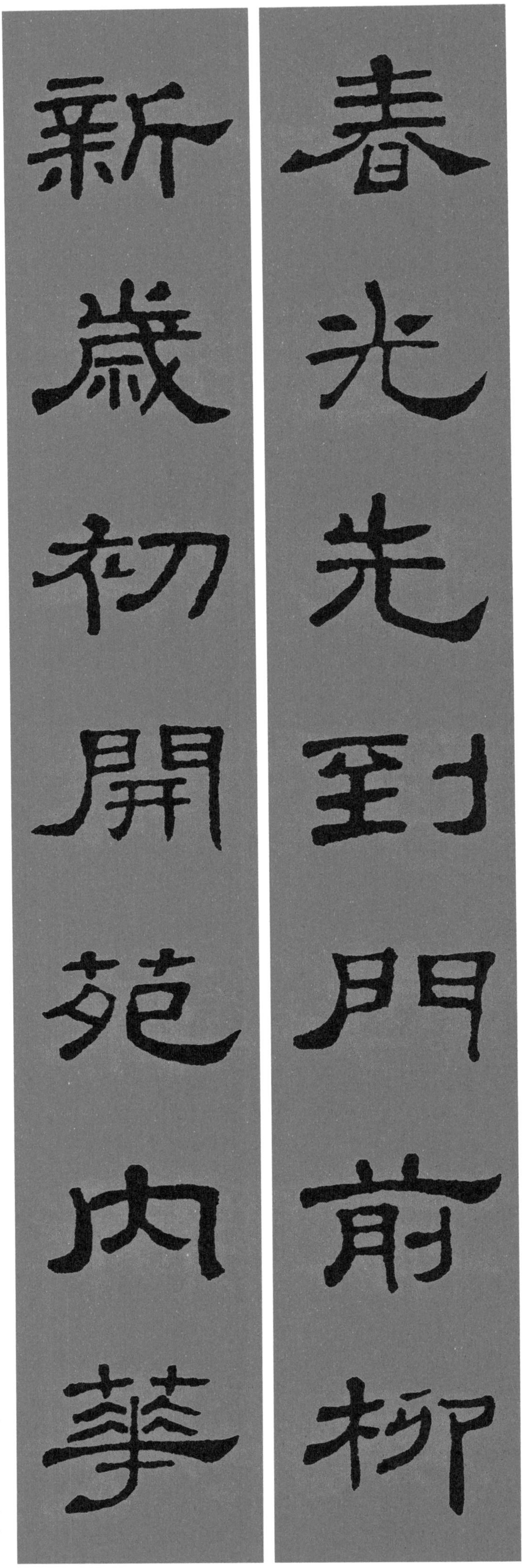


上联—春光先到门前柳
下联—新岁初开苑内花

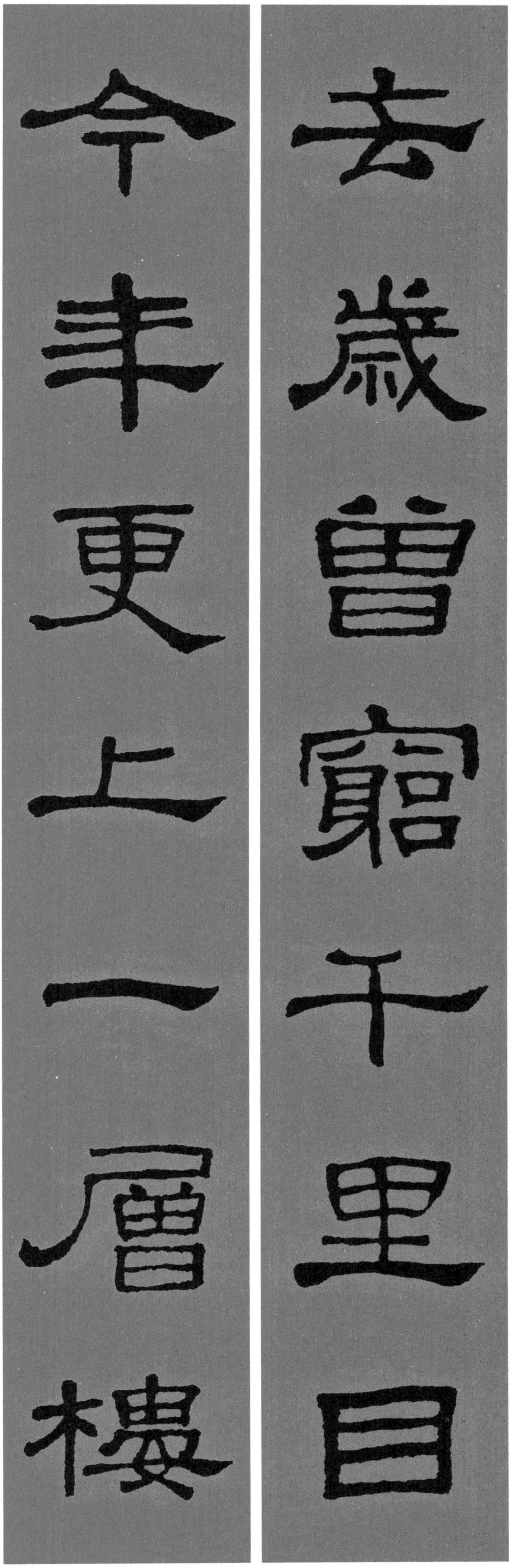


上联— 去岁曾穷千里目
下联— 今年更上一层楼

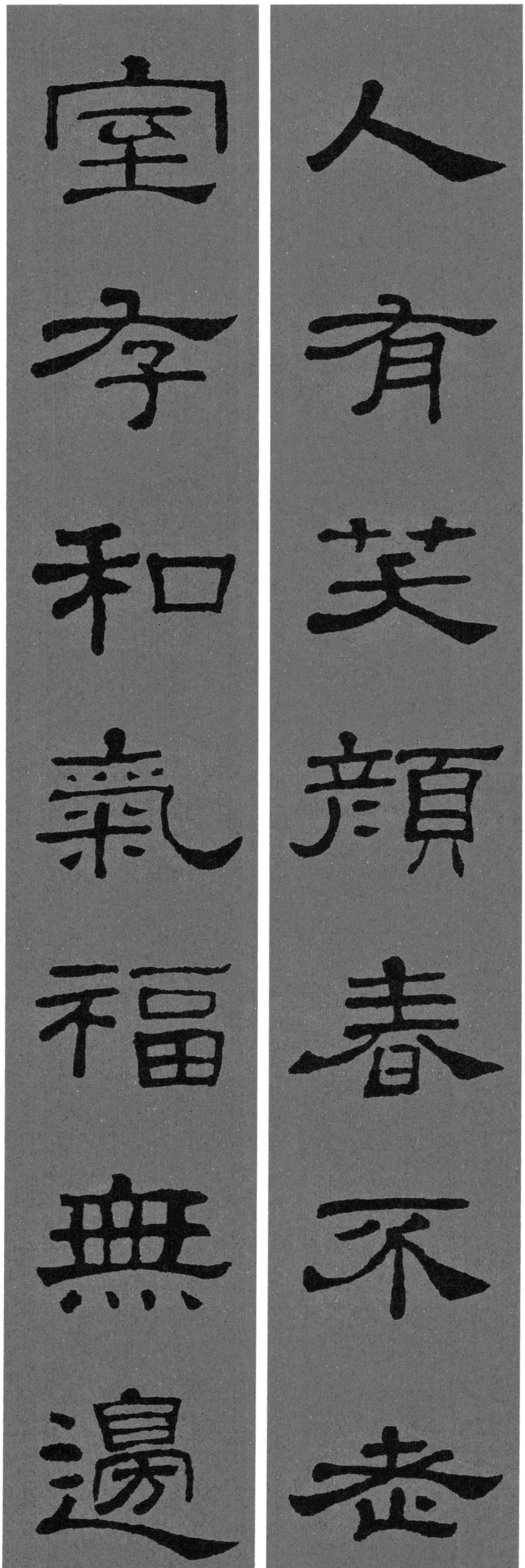


上联—人有笑颜春不老
下联—室存和气福无边

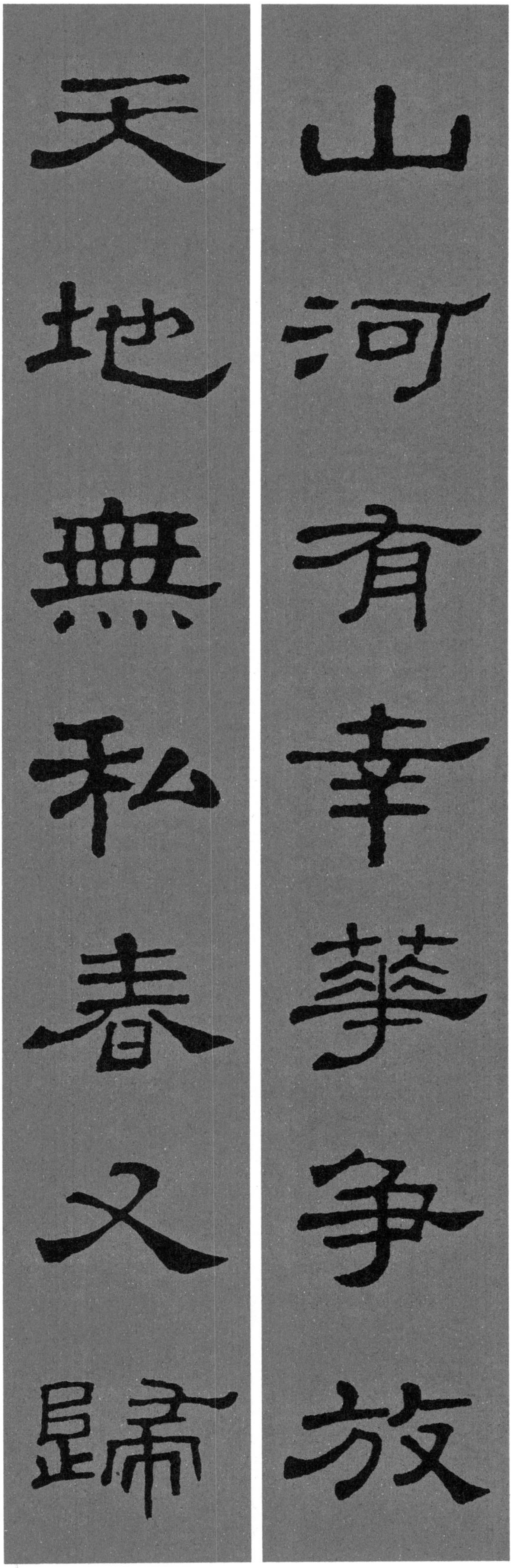


上联一 山河有幸花争放
下联一 天地无私春又归

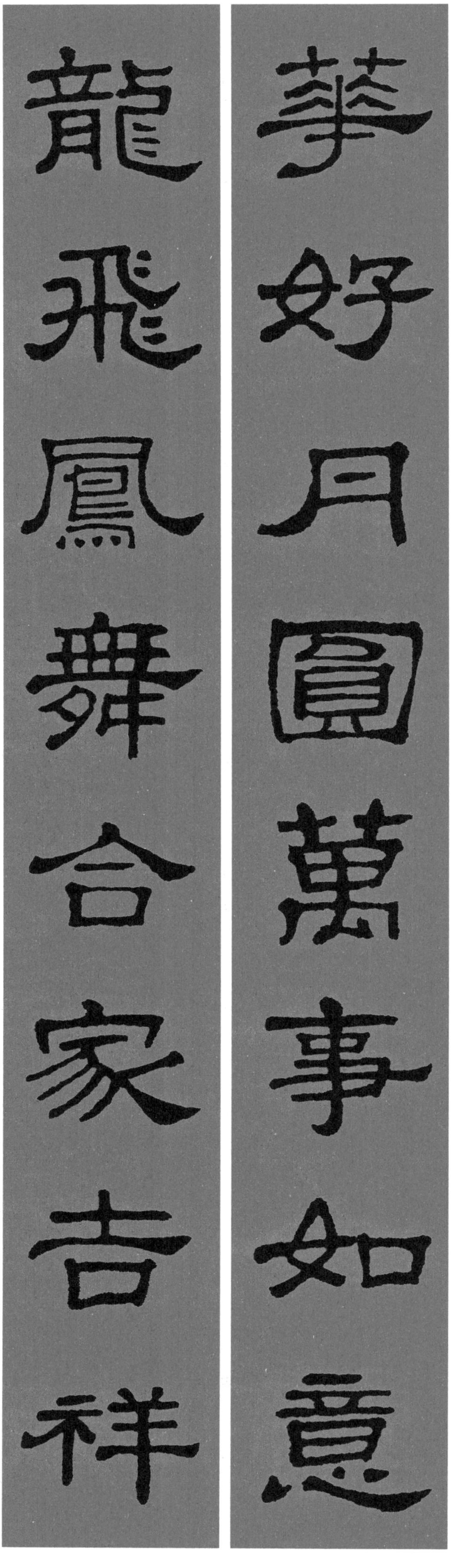


上联—花好月圆万事如意
下联—龙飞凤舞合家吉祥

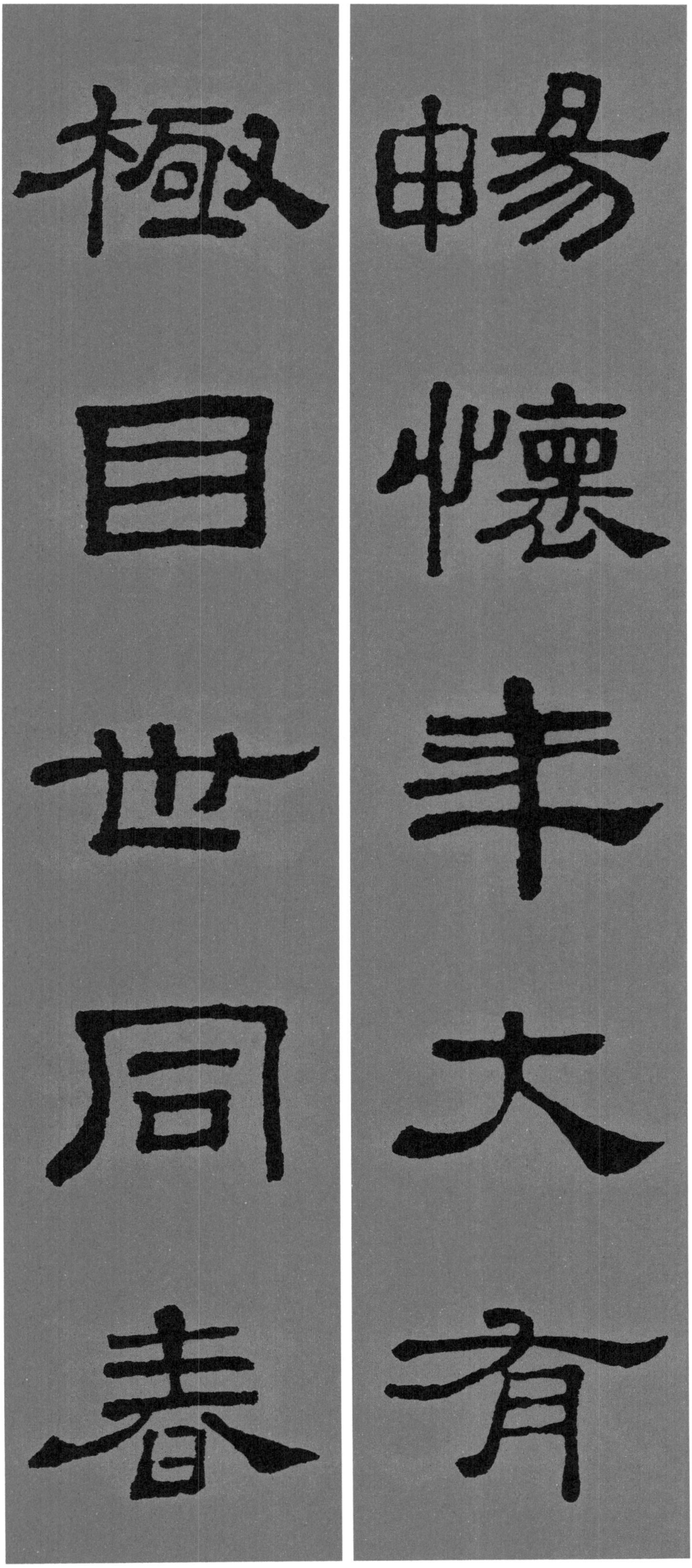

上联—畅怀年大有
下联—极目世同春

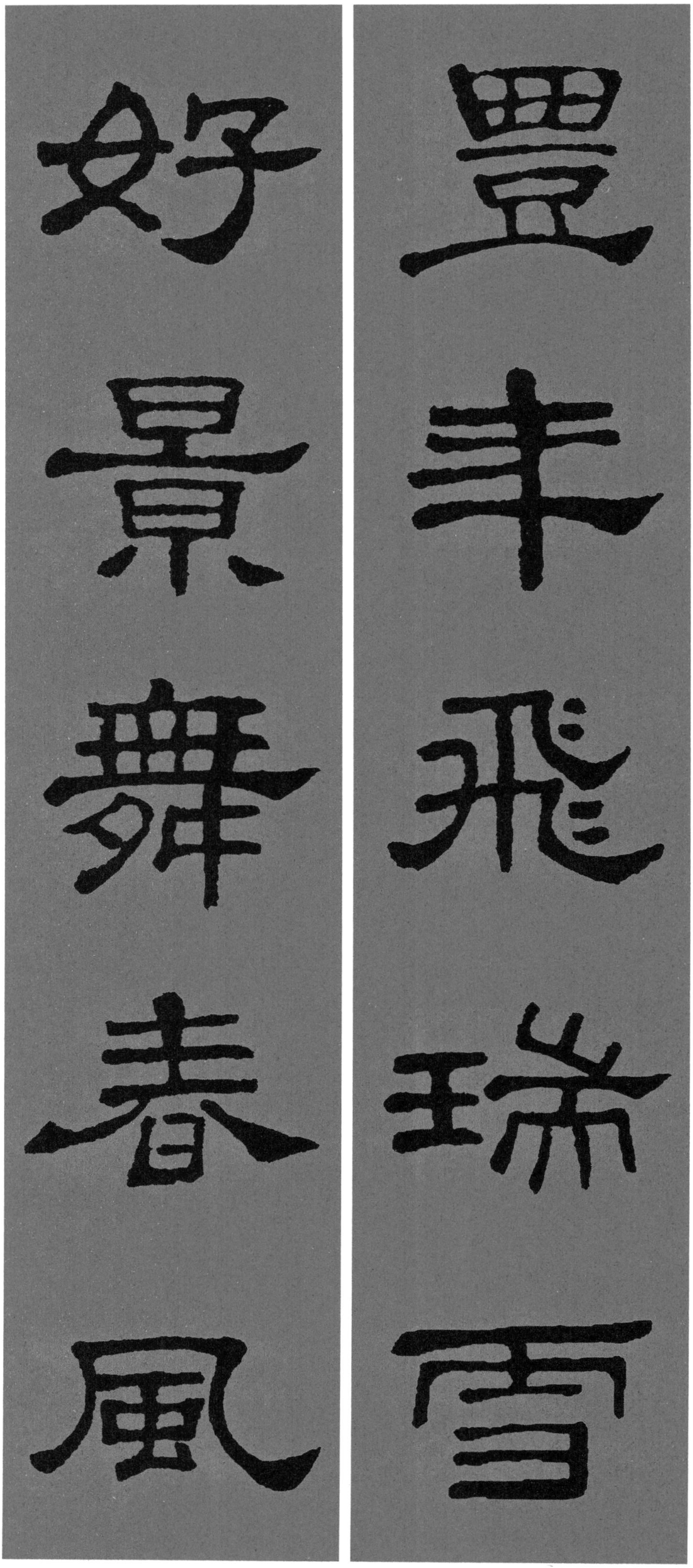


上联—丰年飞瑞雪
下联—好景舞春风

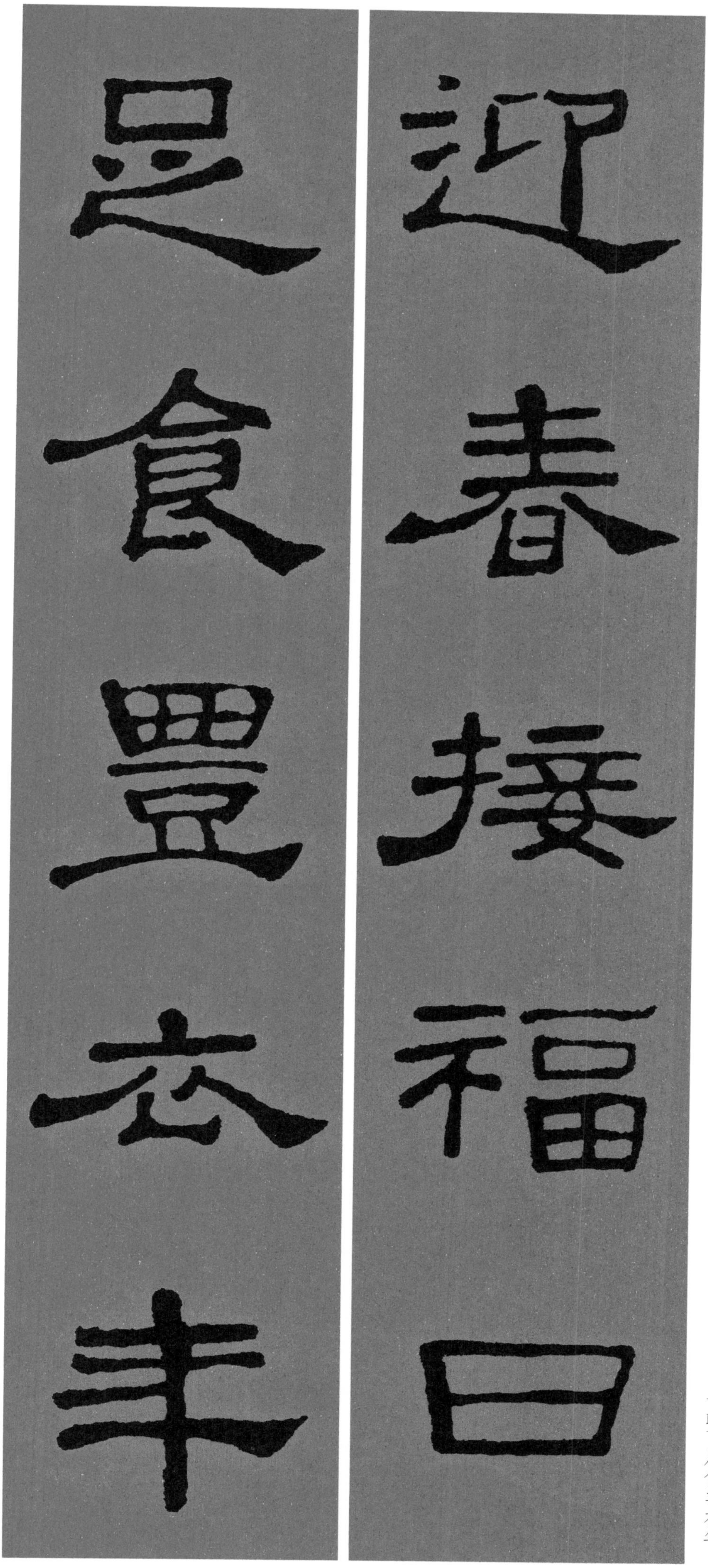


上联 迎春接福日
下联 足食丰衣年

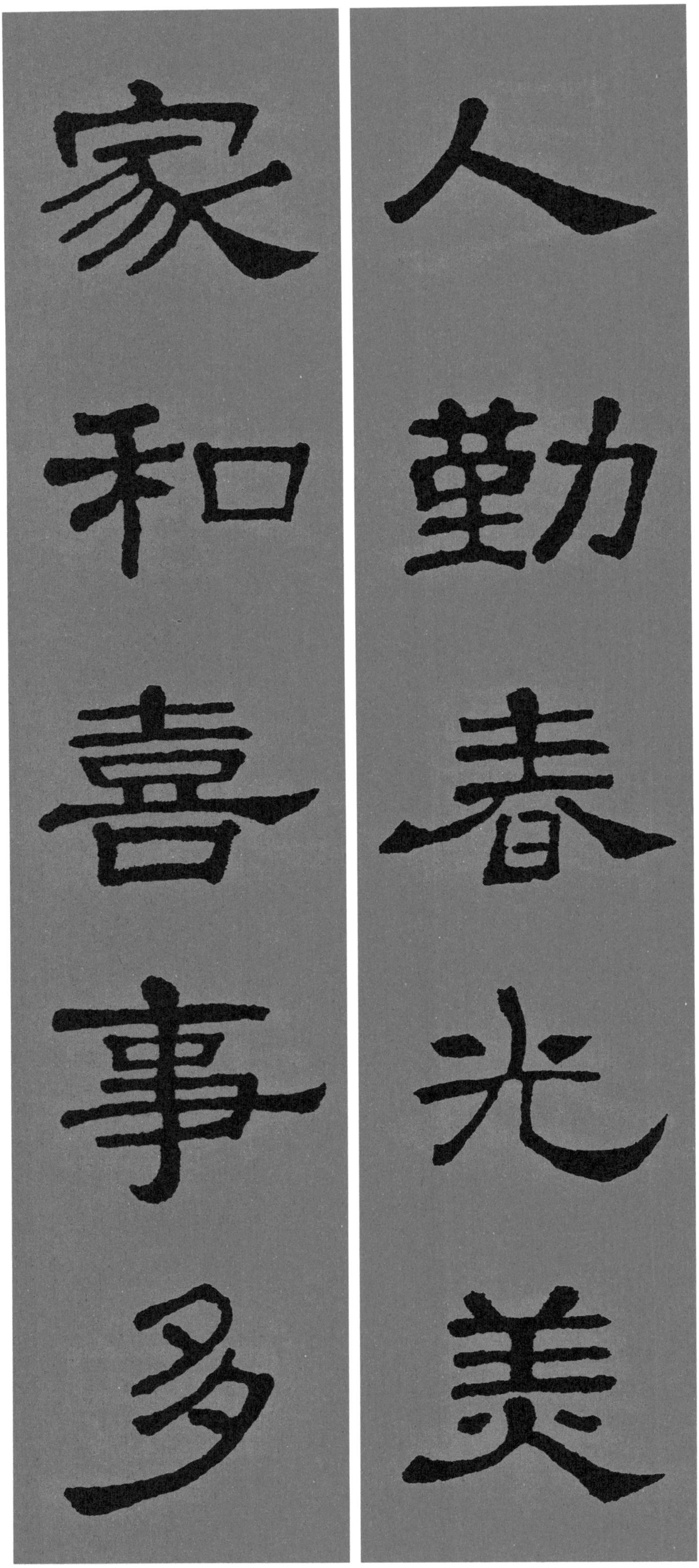


上联—人勤春光美
下联—家和喜事多

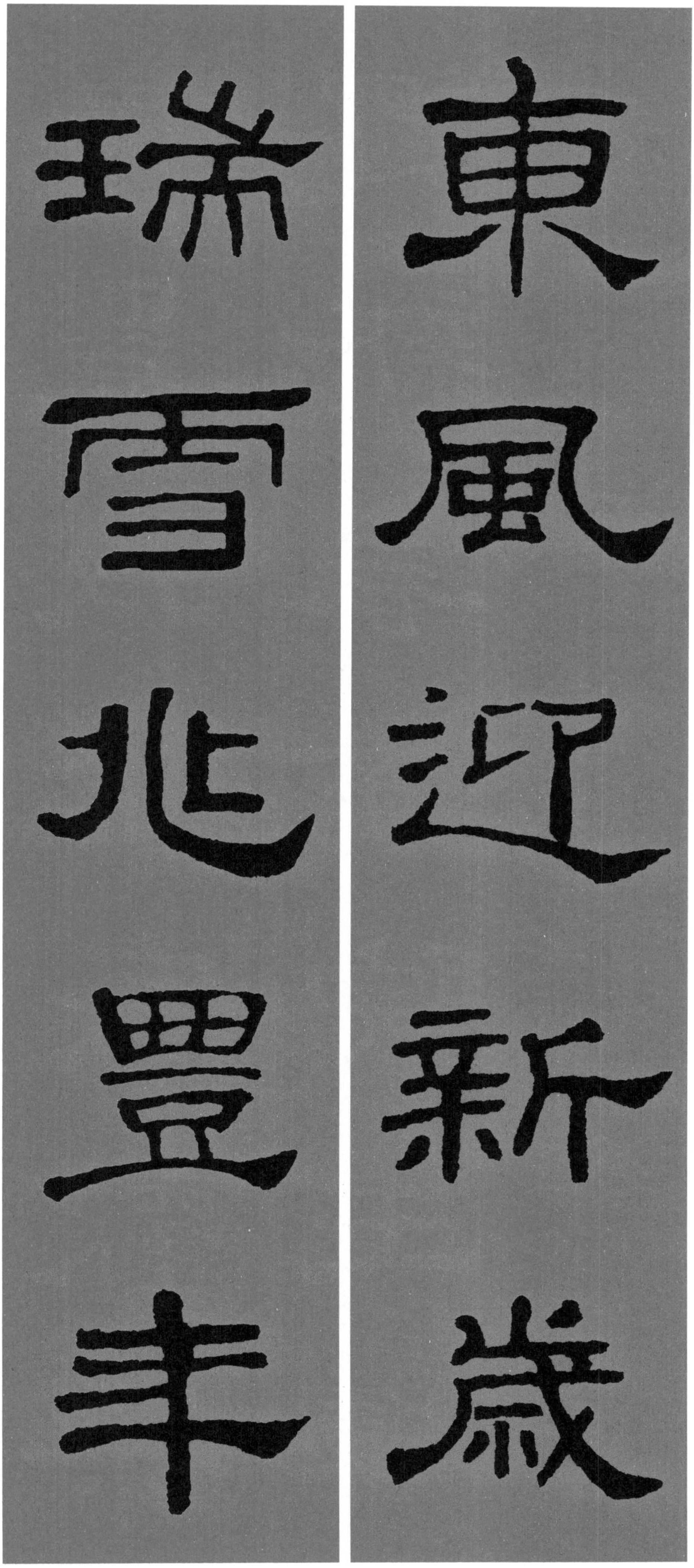


上联—东风迎新岁
下联—瑞雪兆丰年

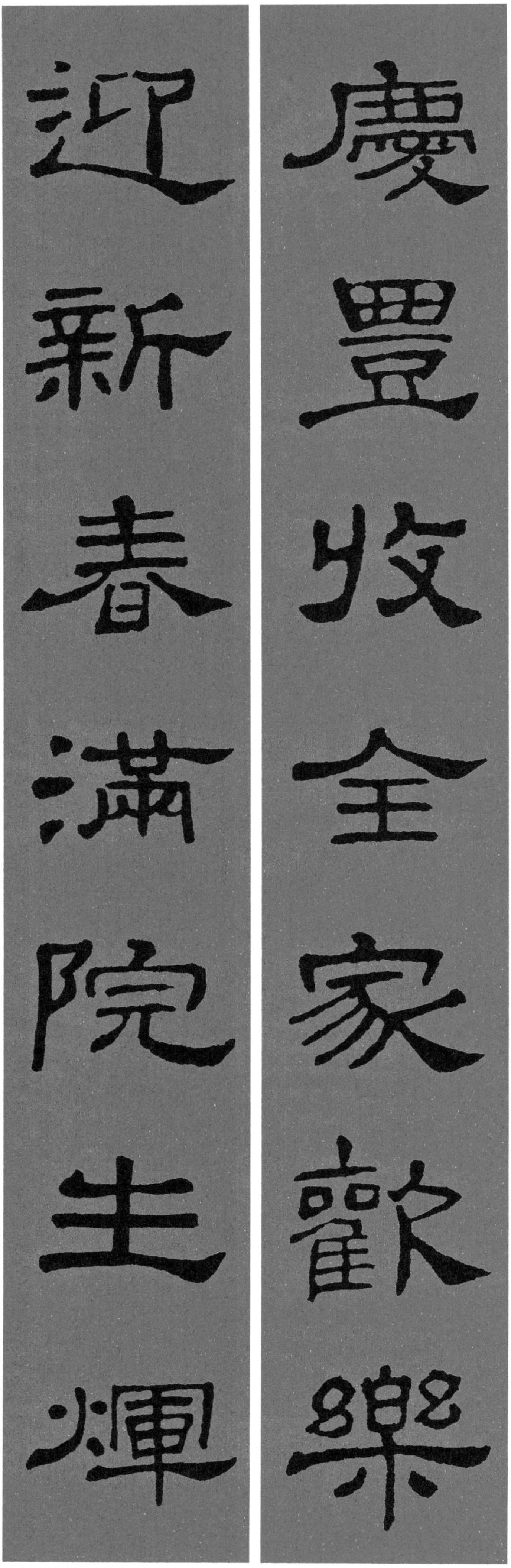


上联—庆丰收全家欢乐
下联—迎新春满院生辉

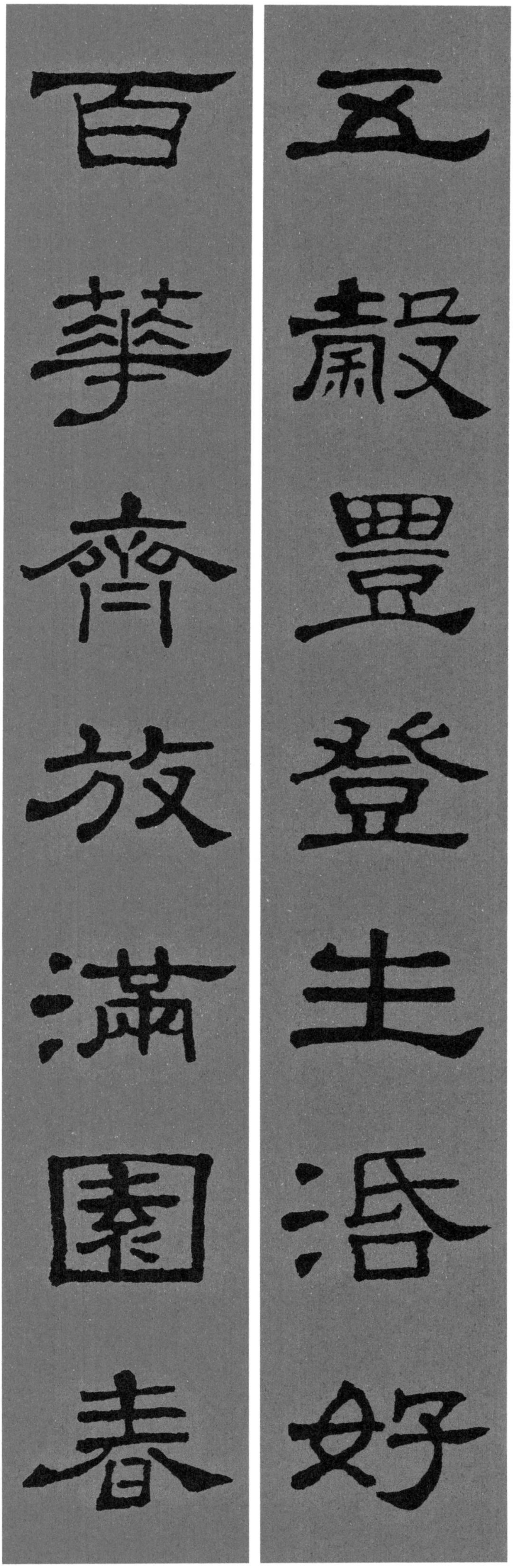


上联 — 五谷丰登生活好
下联 — 百花齐放满园春

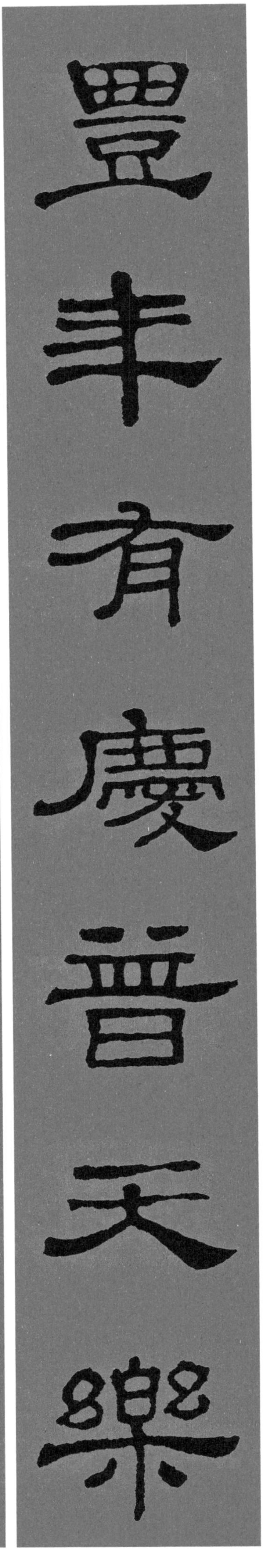
豐年有慶普天樂

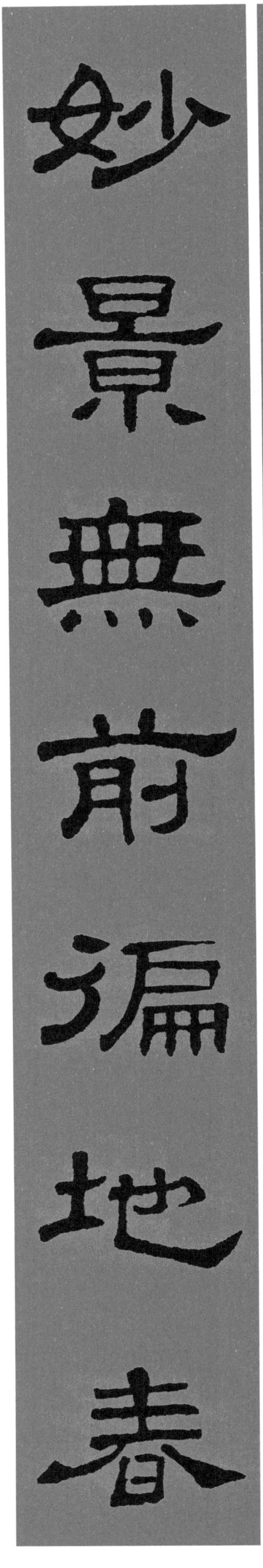
妙景無前徧地春

上联—丰年有庆普天乐
下联—妙景无前遍地春

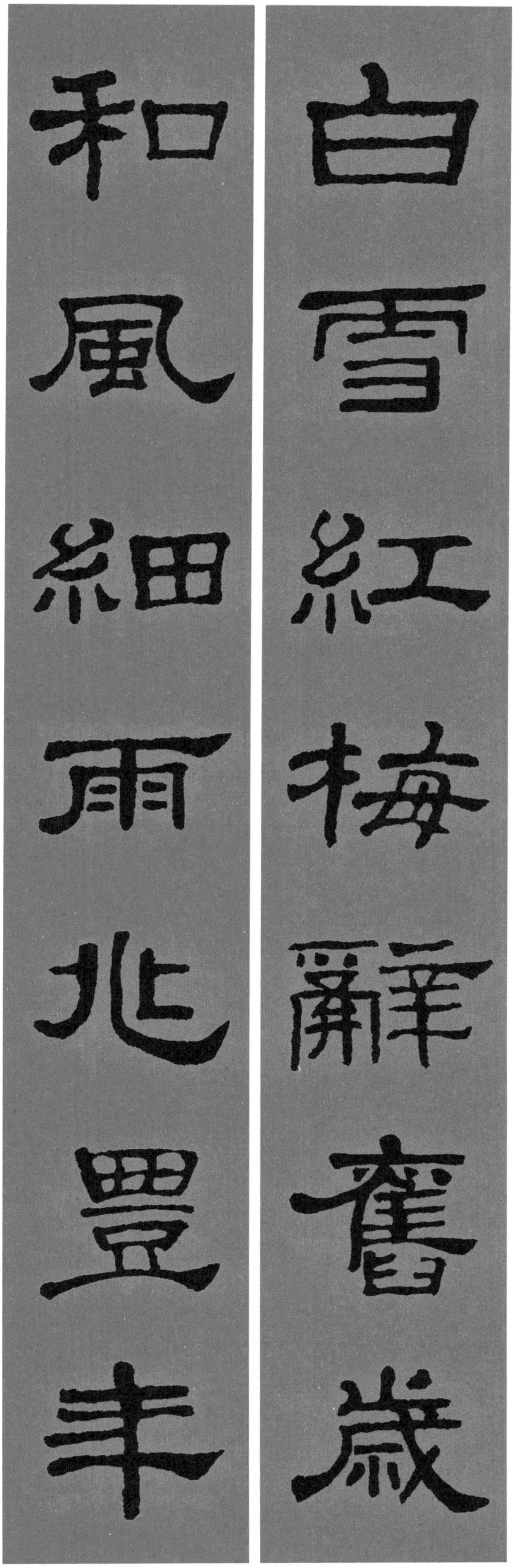


上联—白雪红梅辞旧岁
下联—和风细雨兆丰年

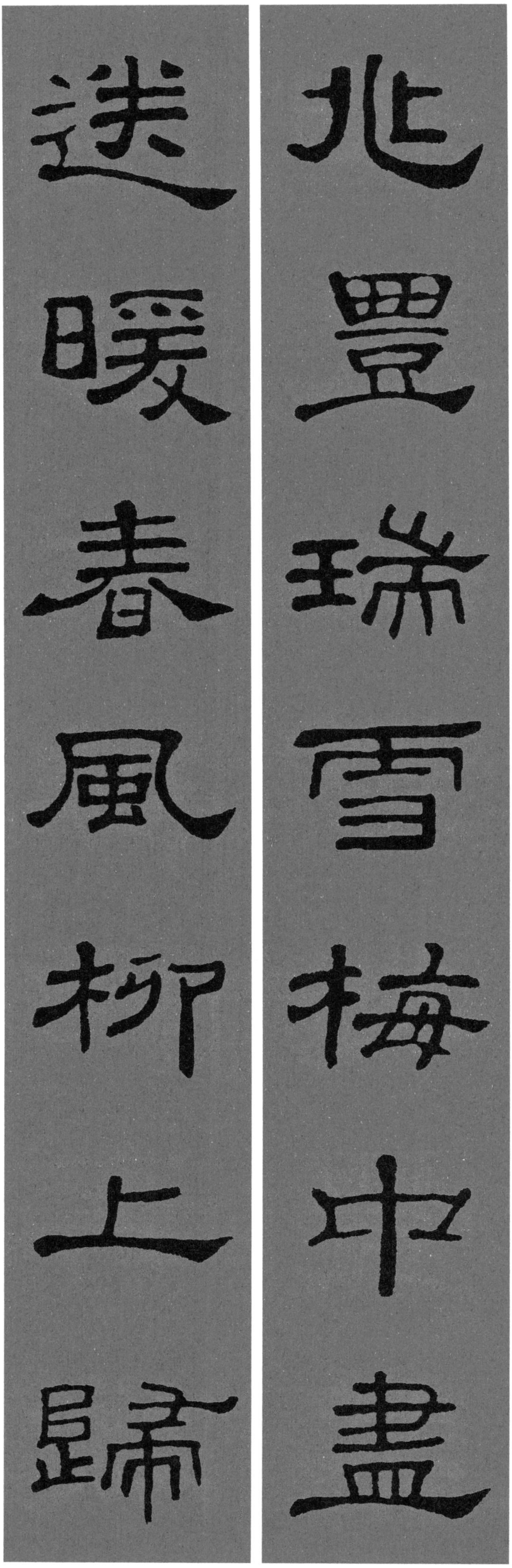
兆豐瑞雪梅中盡
送暖春風柳上歸

上联— 兆丰瑞雪梅中尽
下联— 送暖春风柳上归

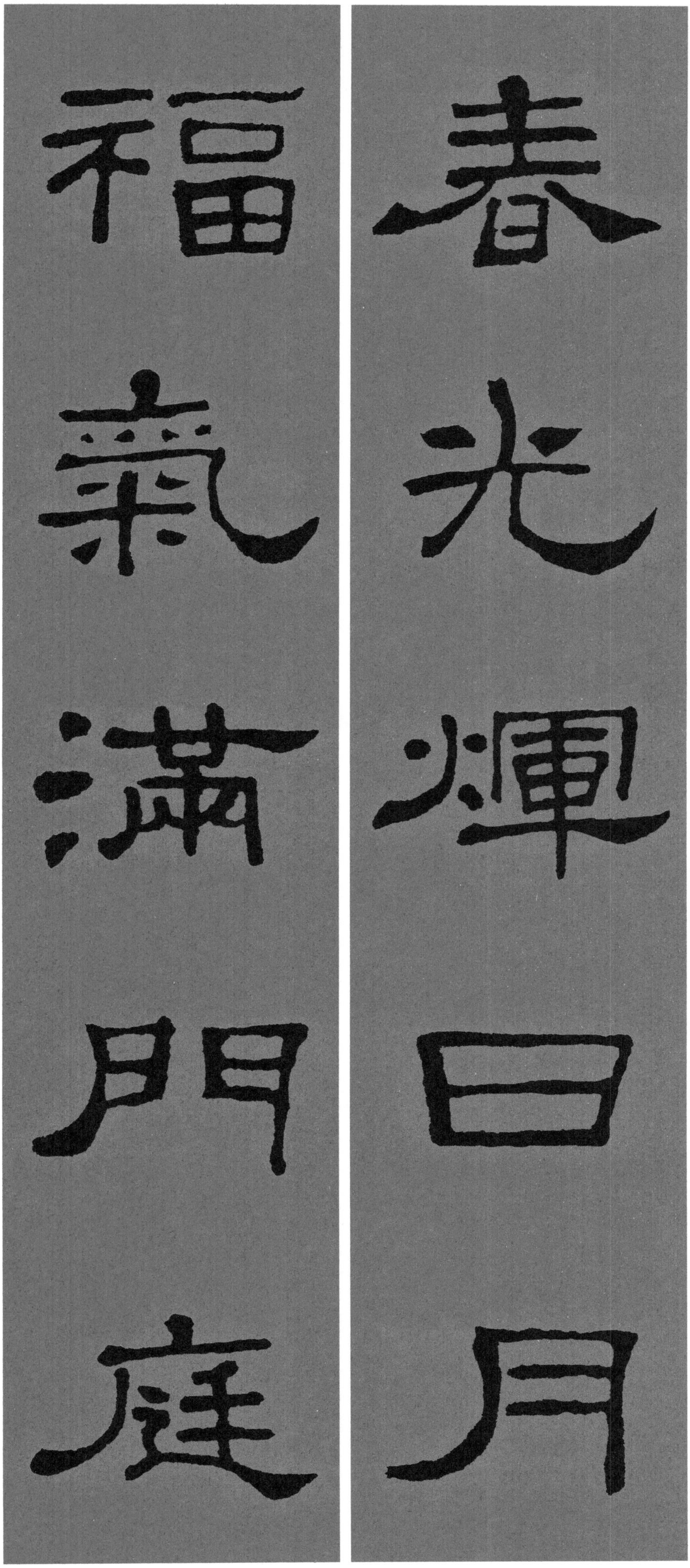


上联— 春光辉日月
下联— 福气满门庭

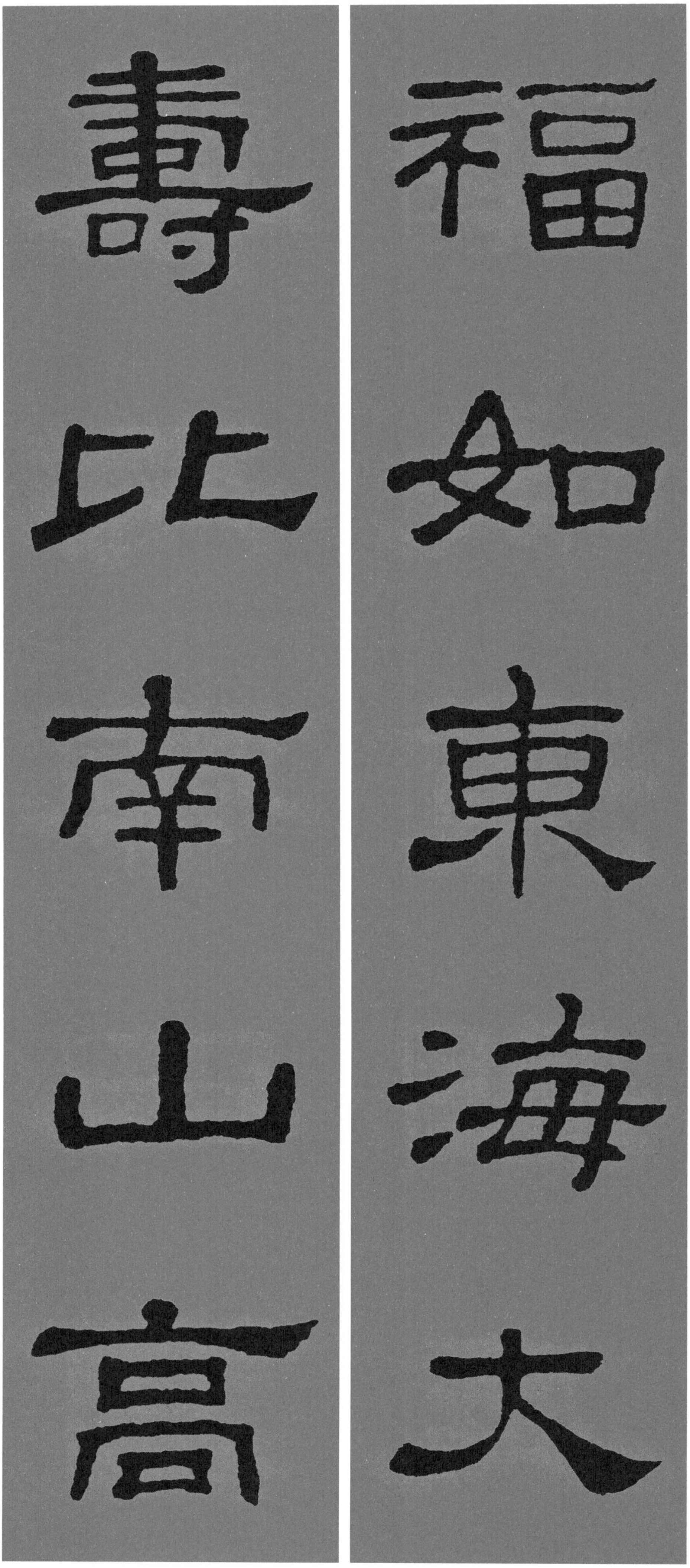


上联｜福如东海大
下联｜寿比南山高

年樂人增壽

春新福滿門

上联—年乐人增寿
下联—春新福满门

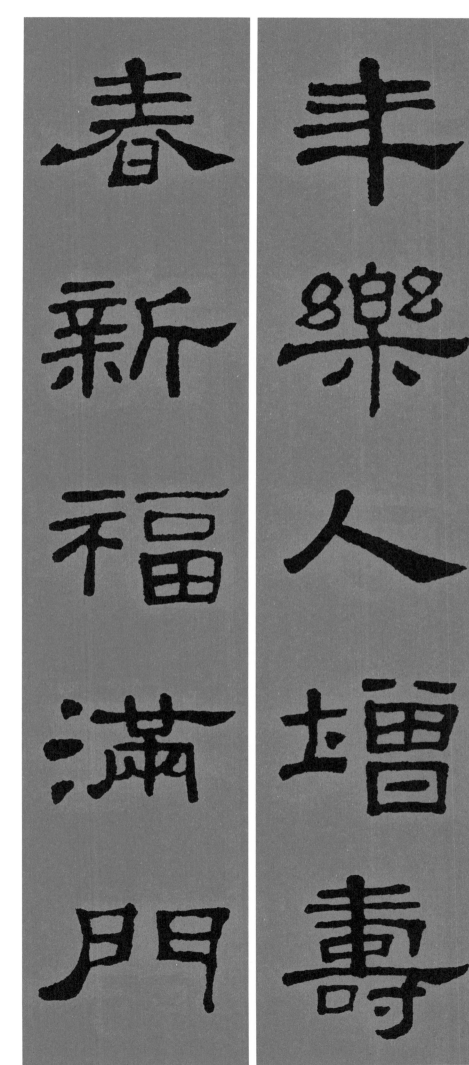

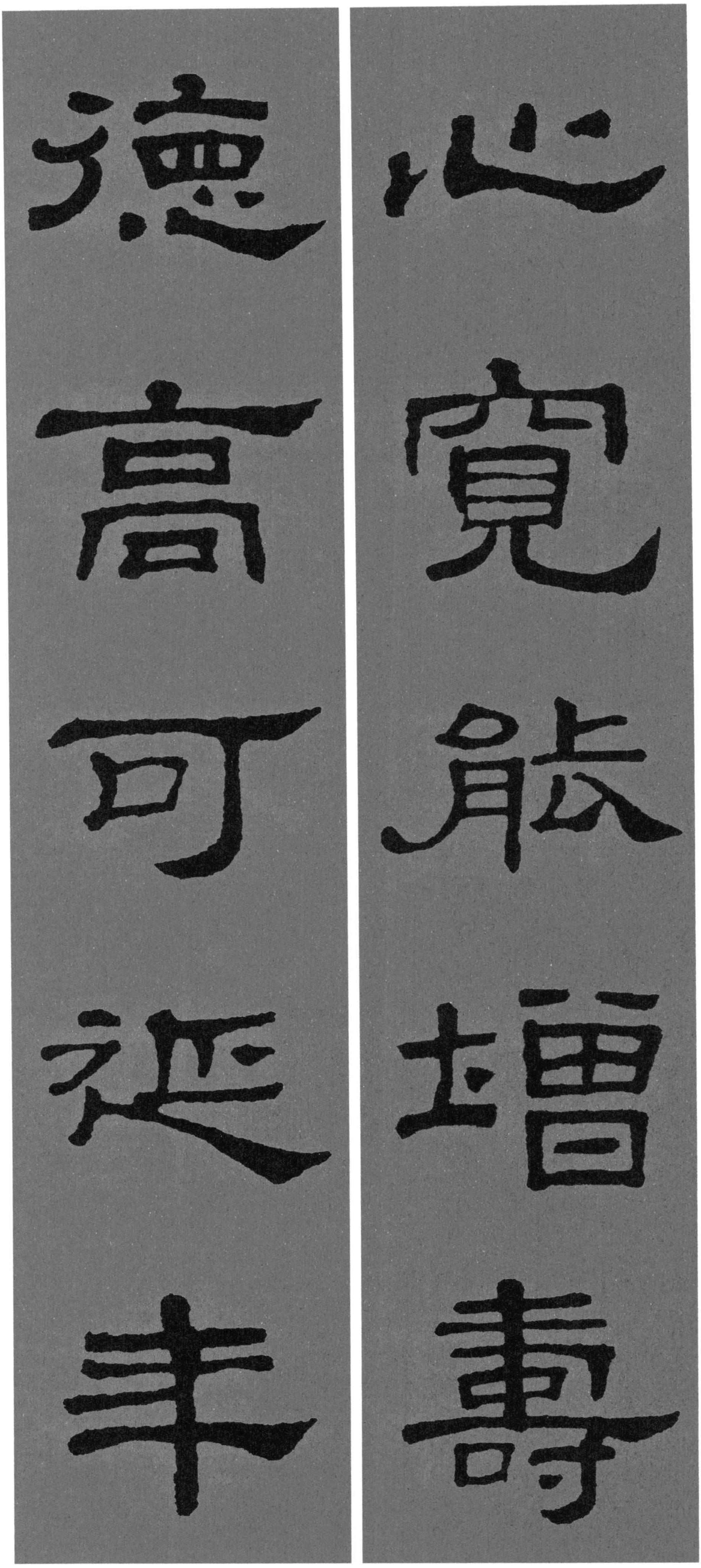

上联一 心宽能增寿
下联一 德高可延年

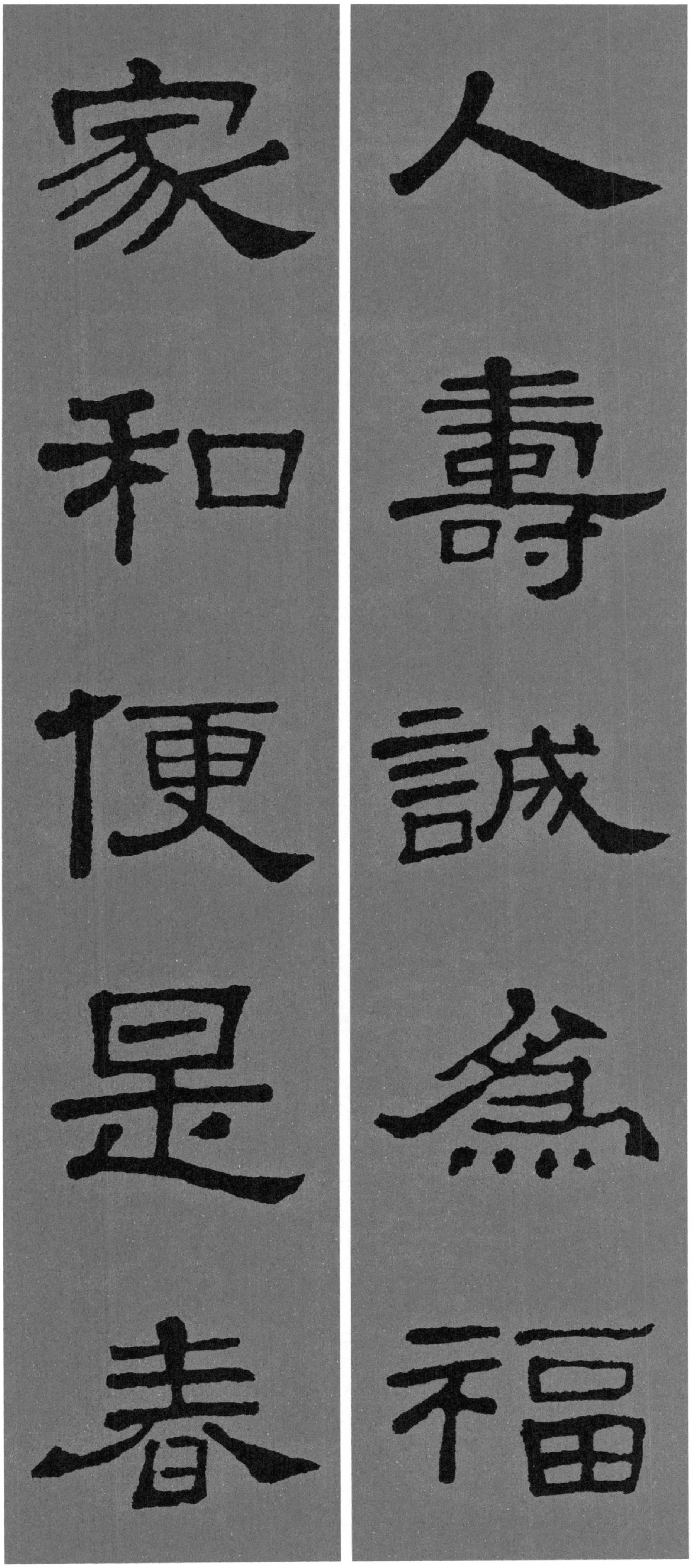


上联—人寿诚为福
下联—家和便是春

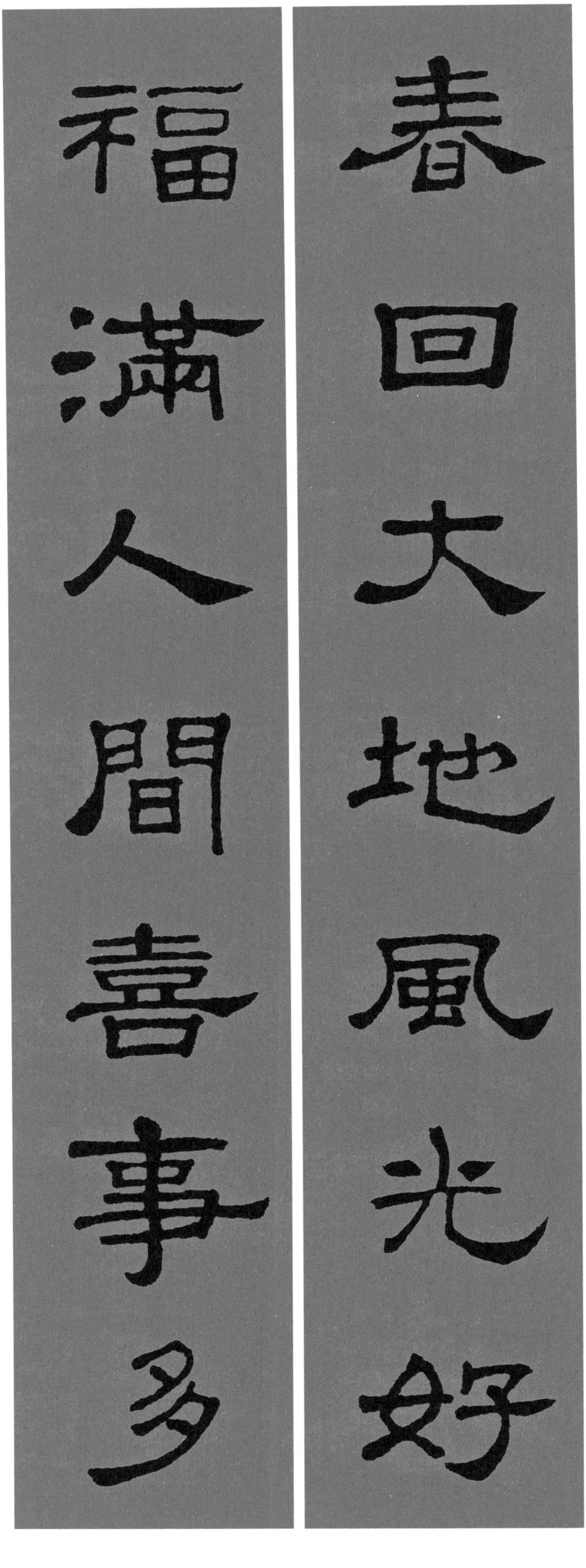


上联　春回大地风光好
下联　福满人间喜事多

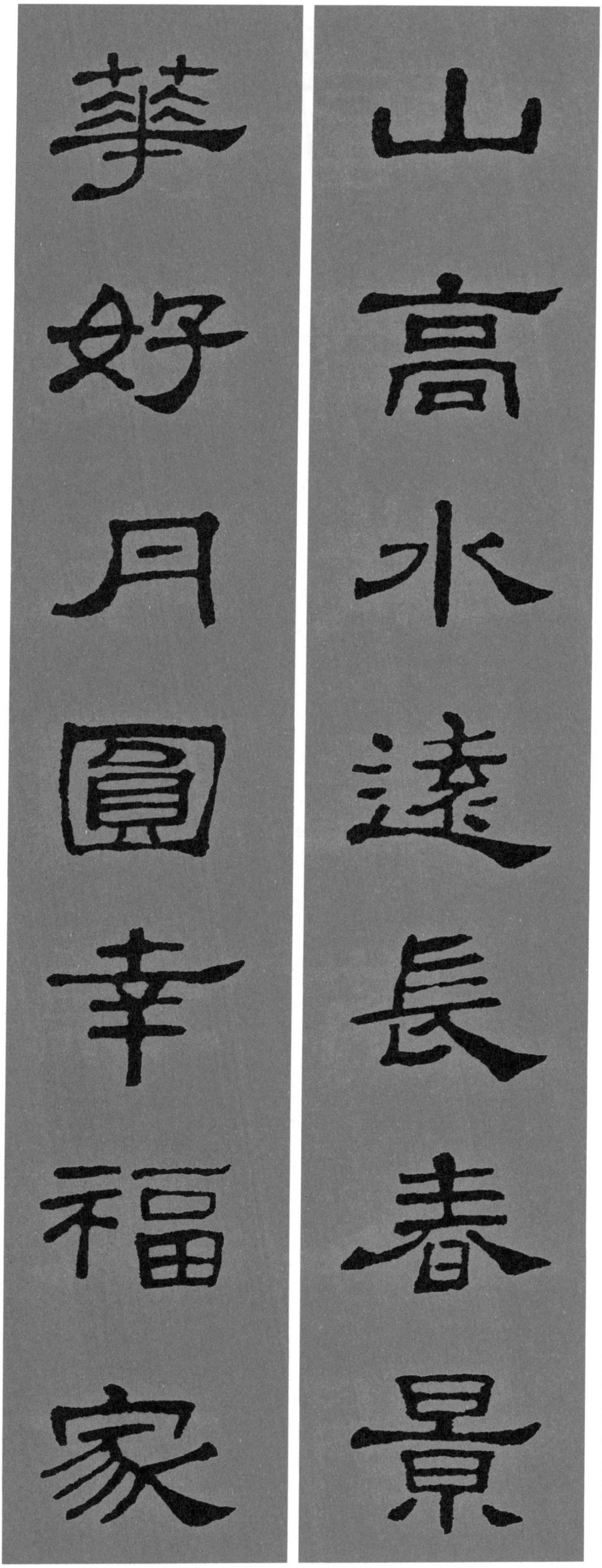


上联一 山高水远长春景
下联一 花好月圆幸福家

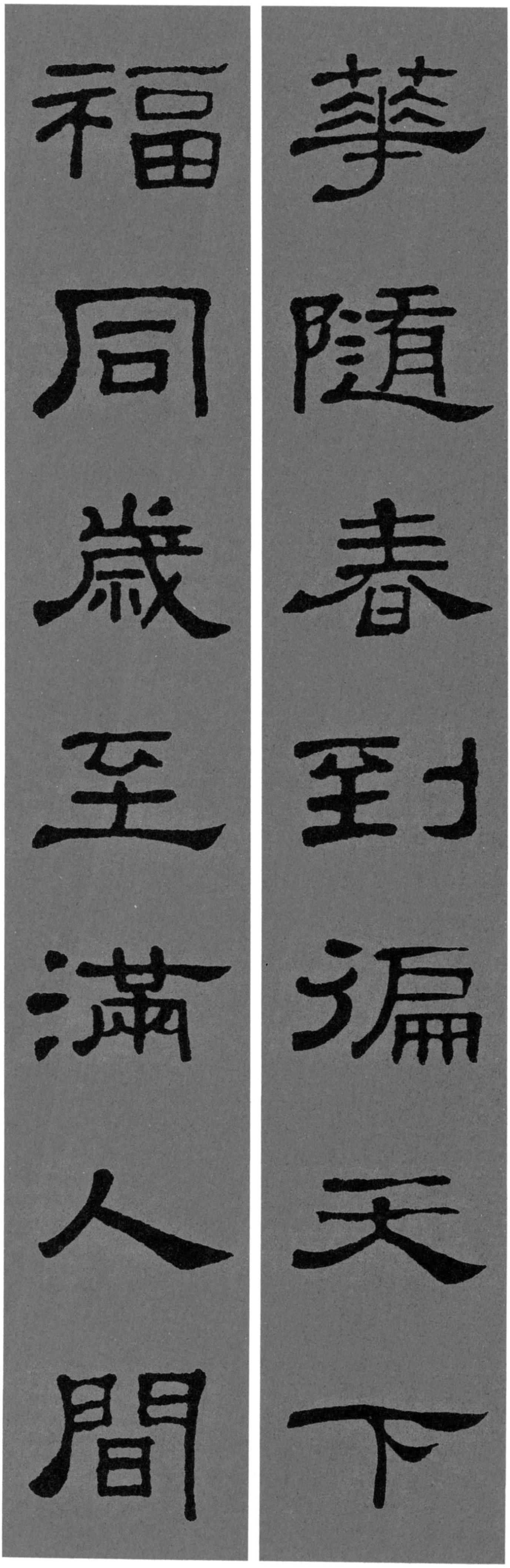


上联—花随春到遍天下
下联—福同岁至满人间

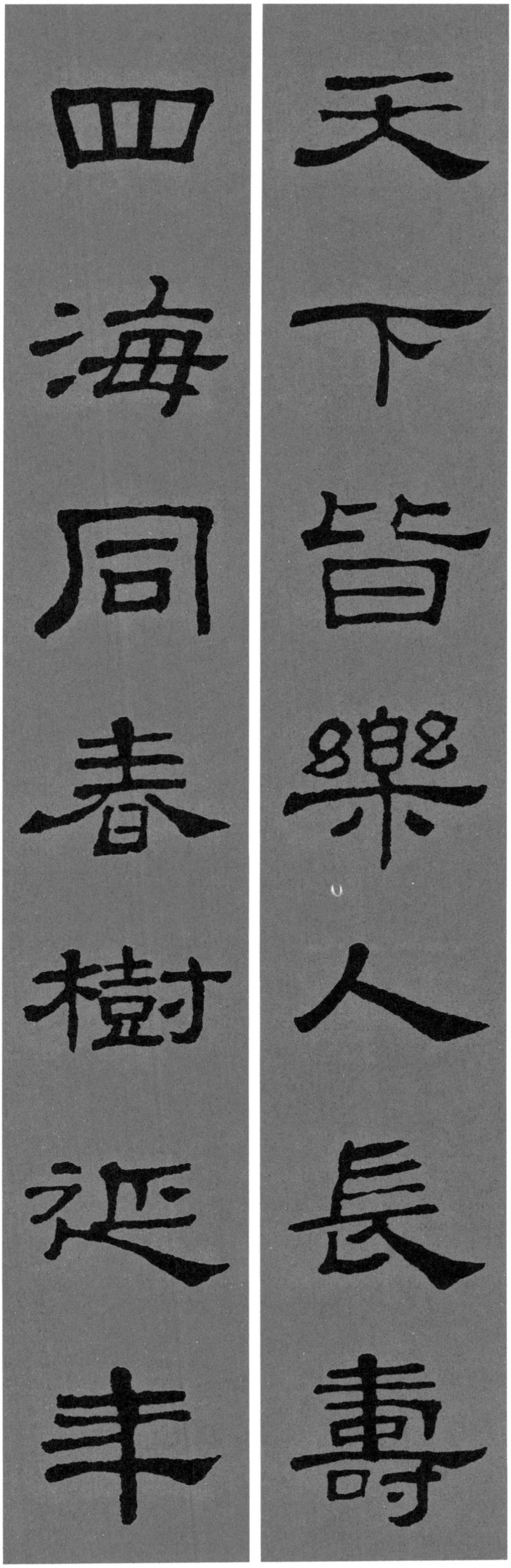


上联 一 天下皆乐人长寿
下联 一 四海同春树延年

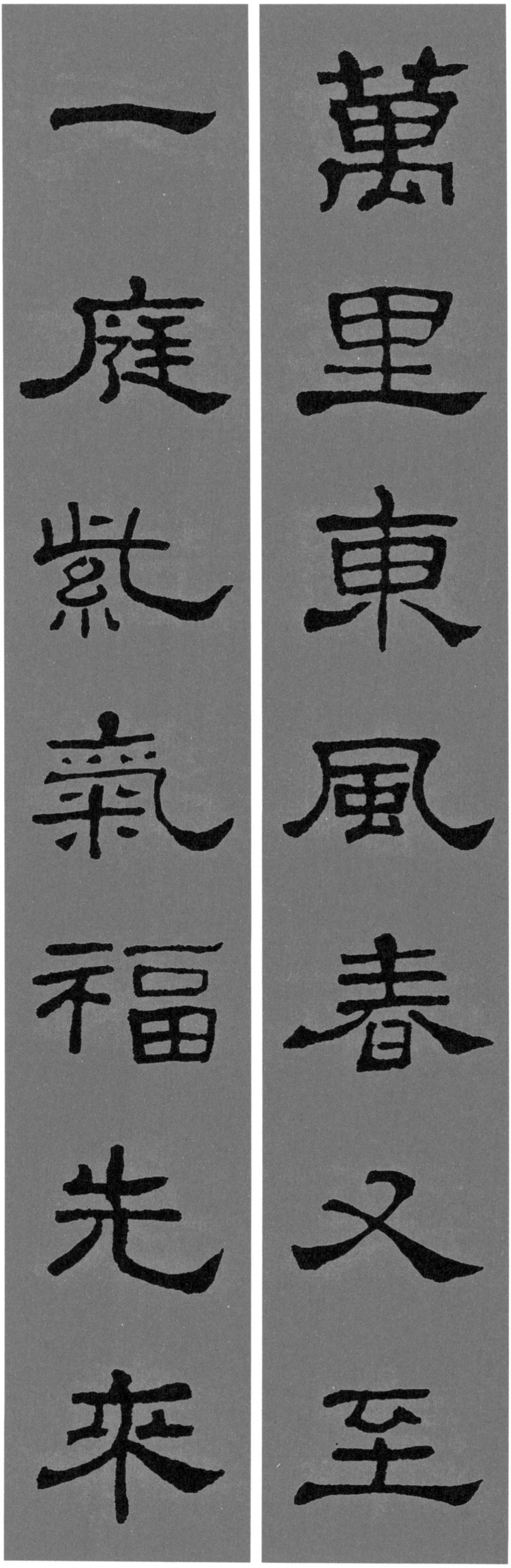


上联一万里东风春又至
下联一庭紫气福先来

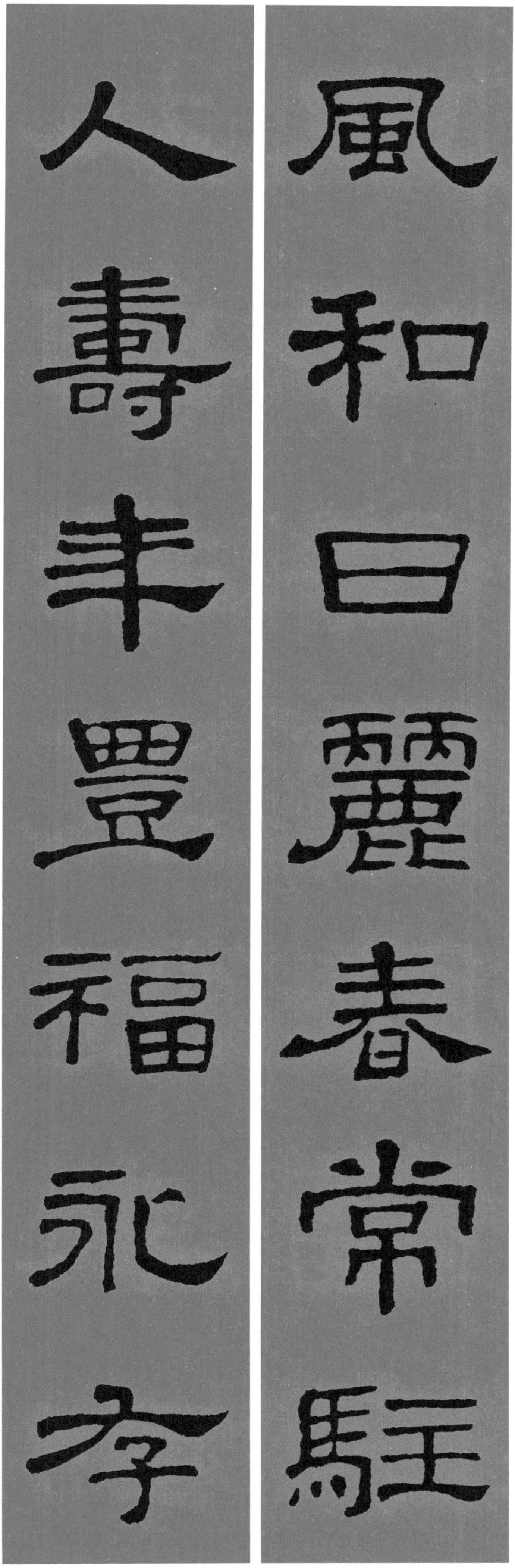


上联—风和日丽春常驻
下联—人寿年丰福永存

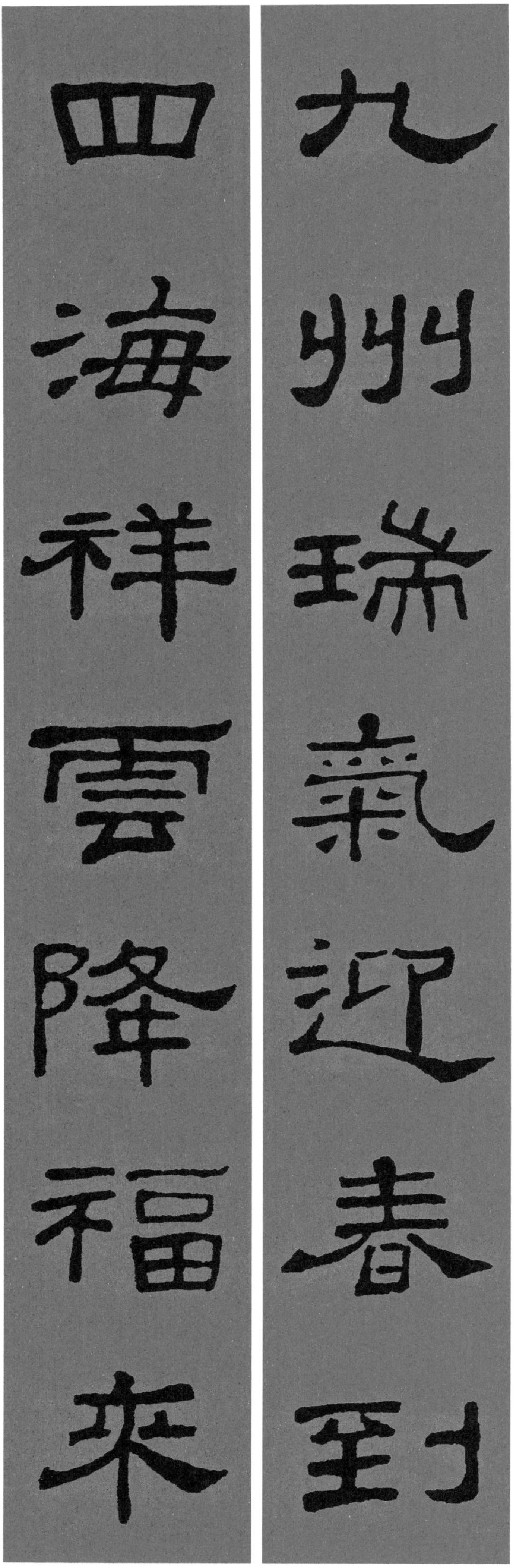
九州瑞氣迎春到
四海祥雲降福來

上联—九州瑞气迎春到
下联—四海祥云降福来

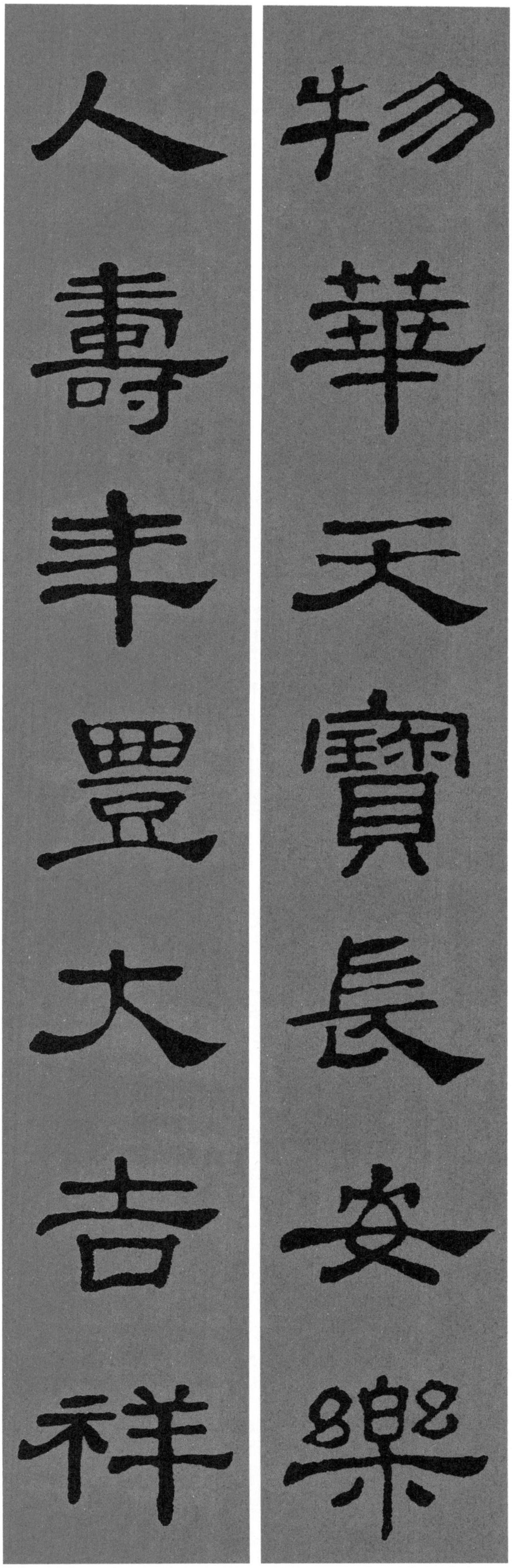


上联一 物华天宝长安乐
下联一 人寿年丰大吉祥

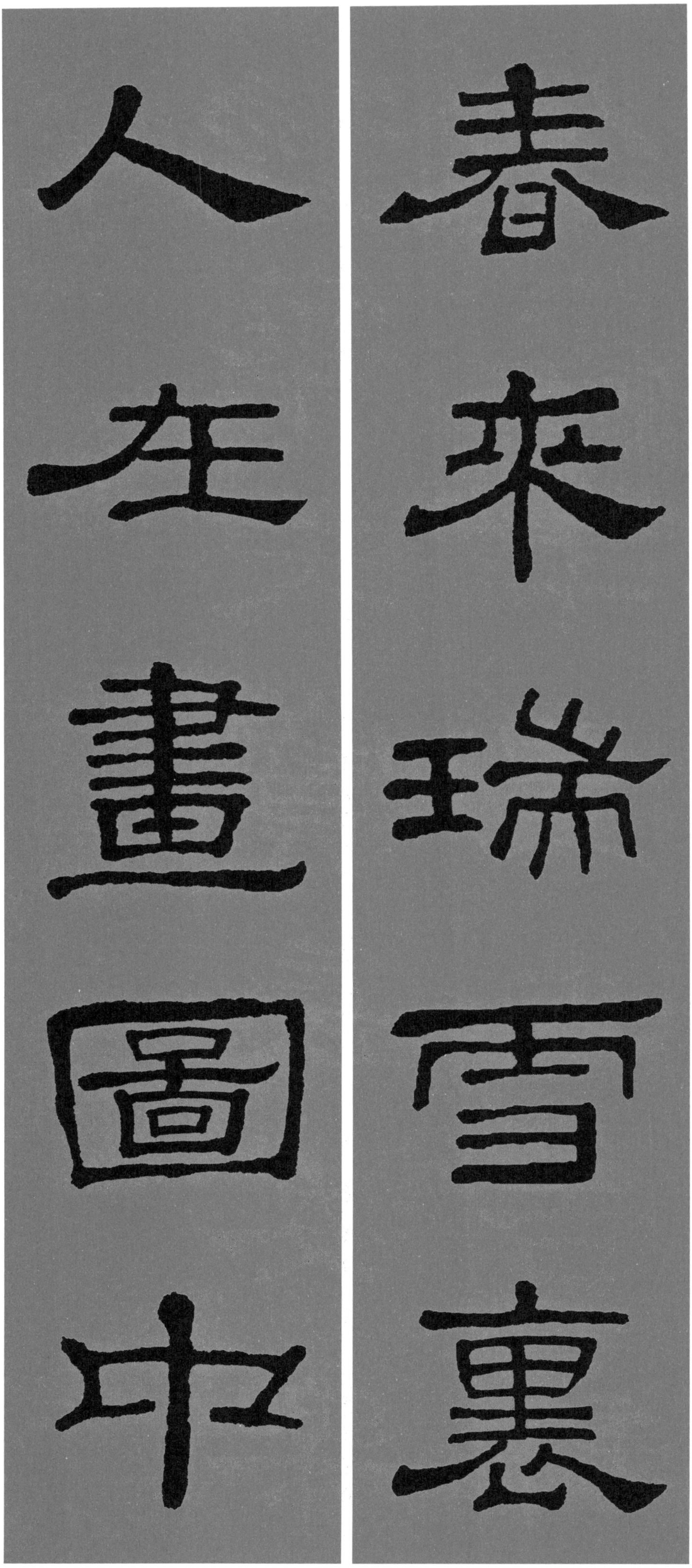


上联—春来瑞雪里
下联—人在画图中

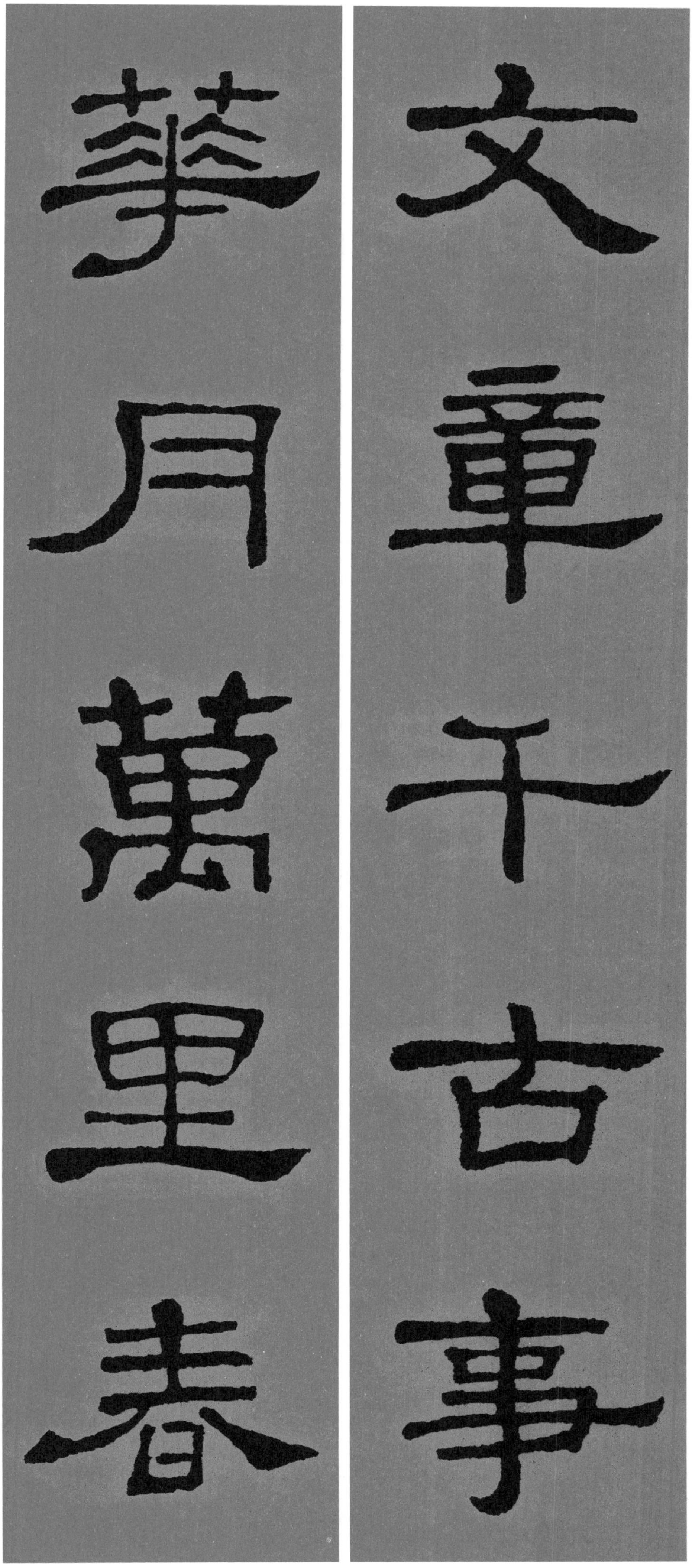


上联— 文章千古事
下联— 花月万里春

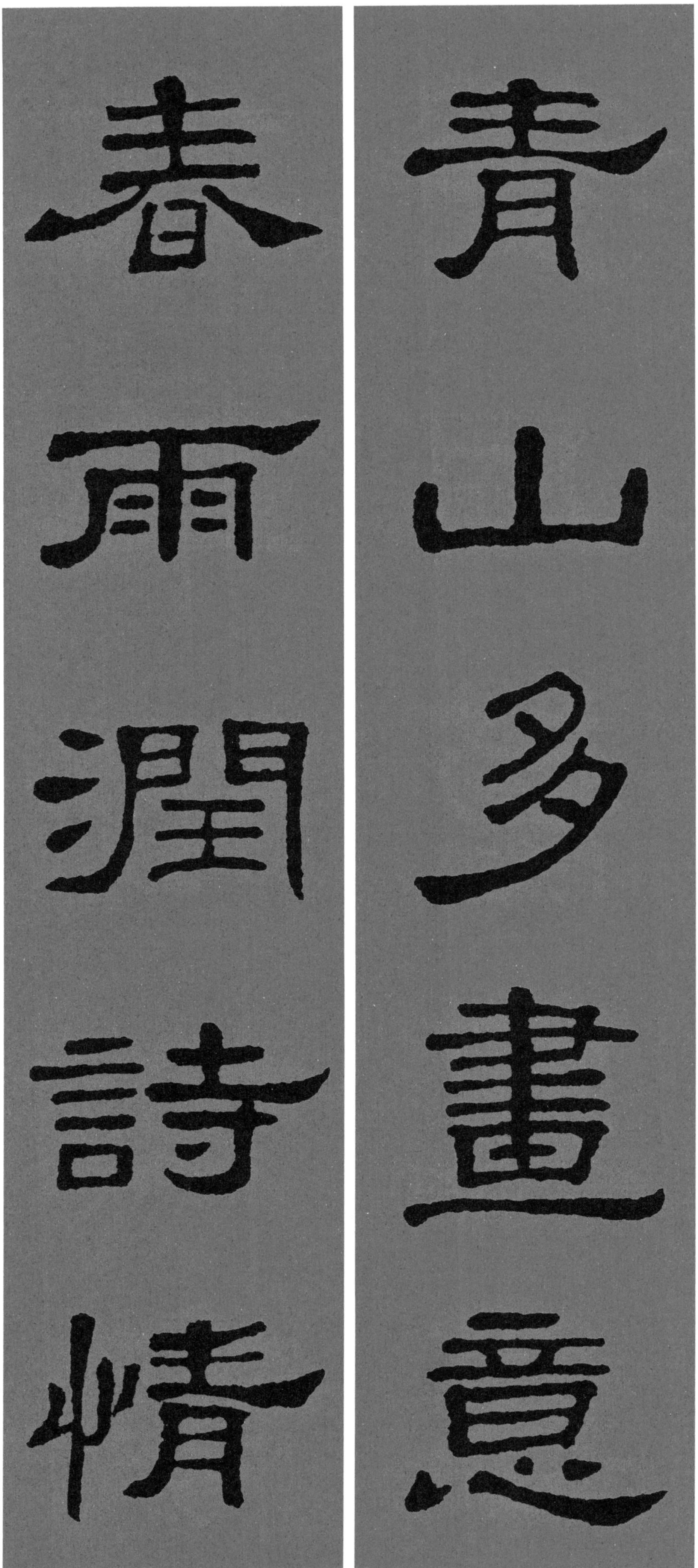


上联—青山多画意
下联—春雨润诗情

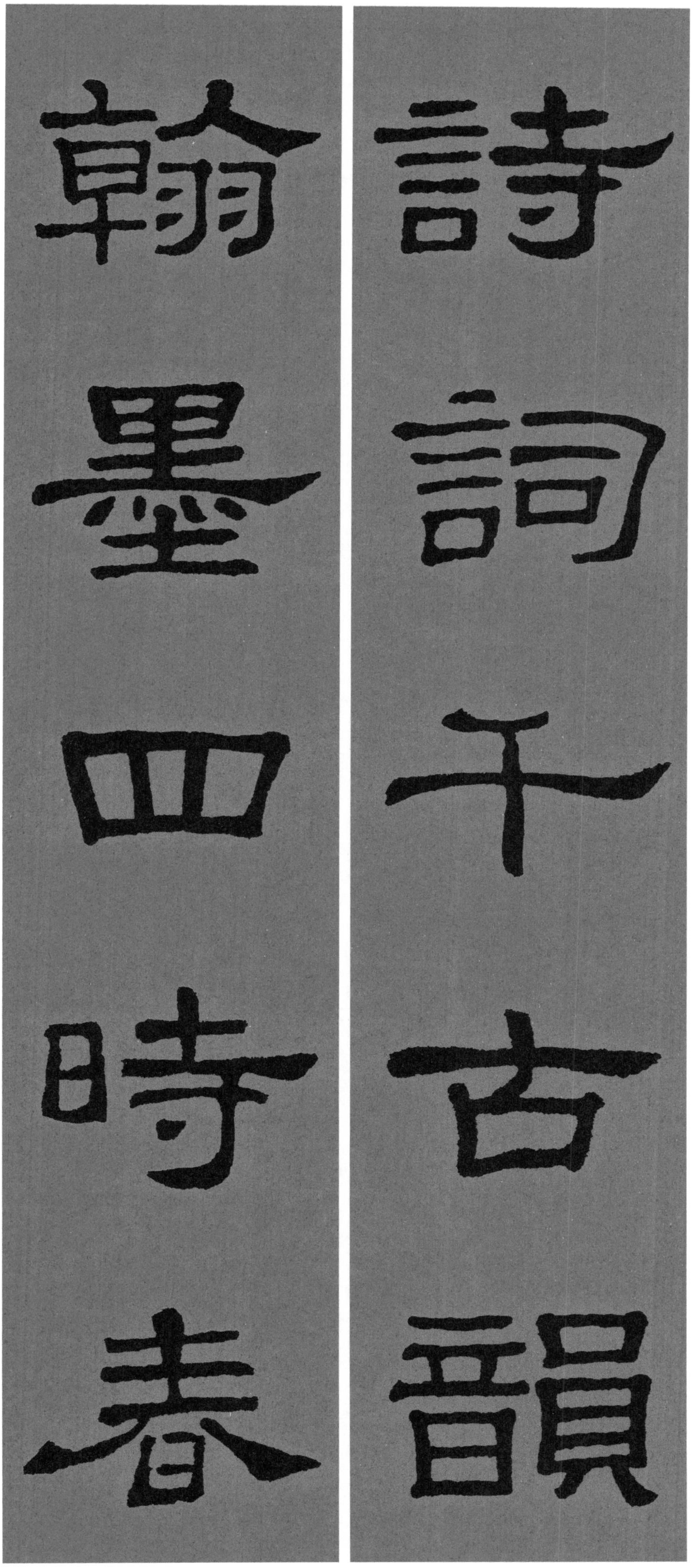


上联 诗词千古韵
下联 翰墨四时春

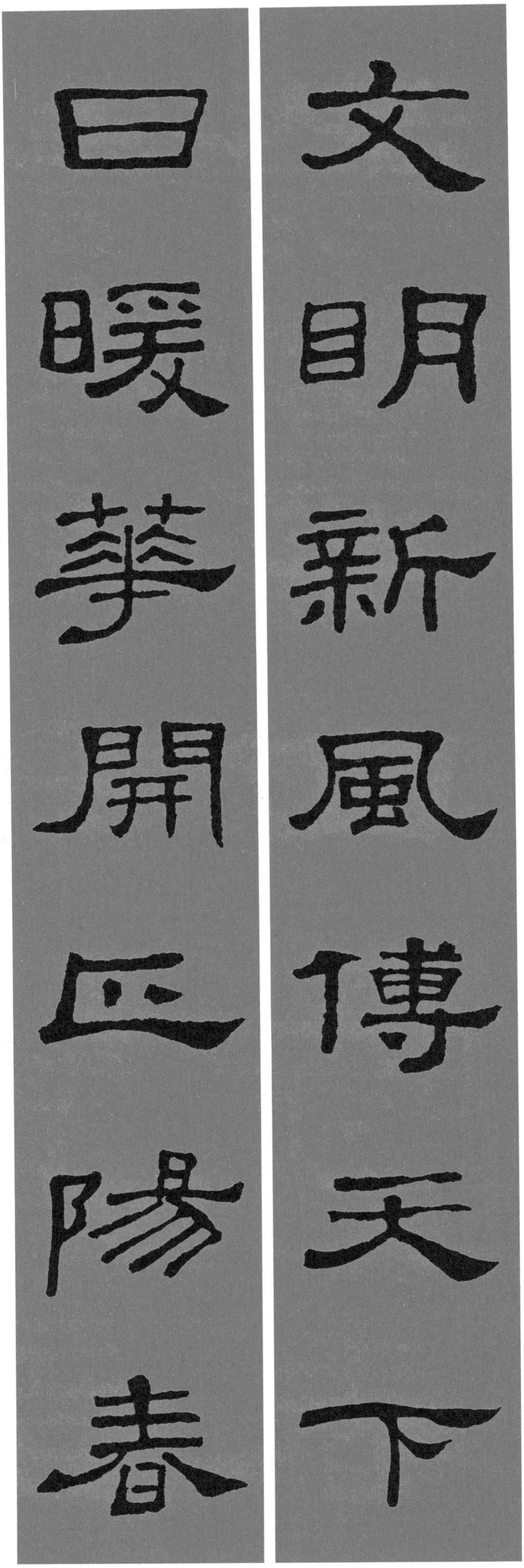


上联—文明新风传天下
下联—日暖花开正阳春

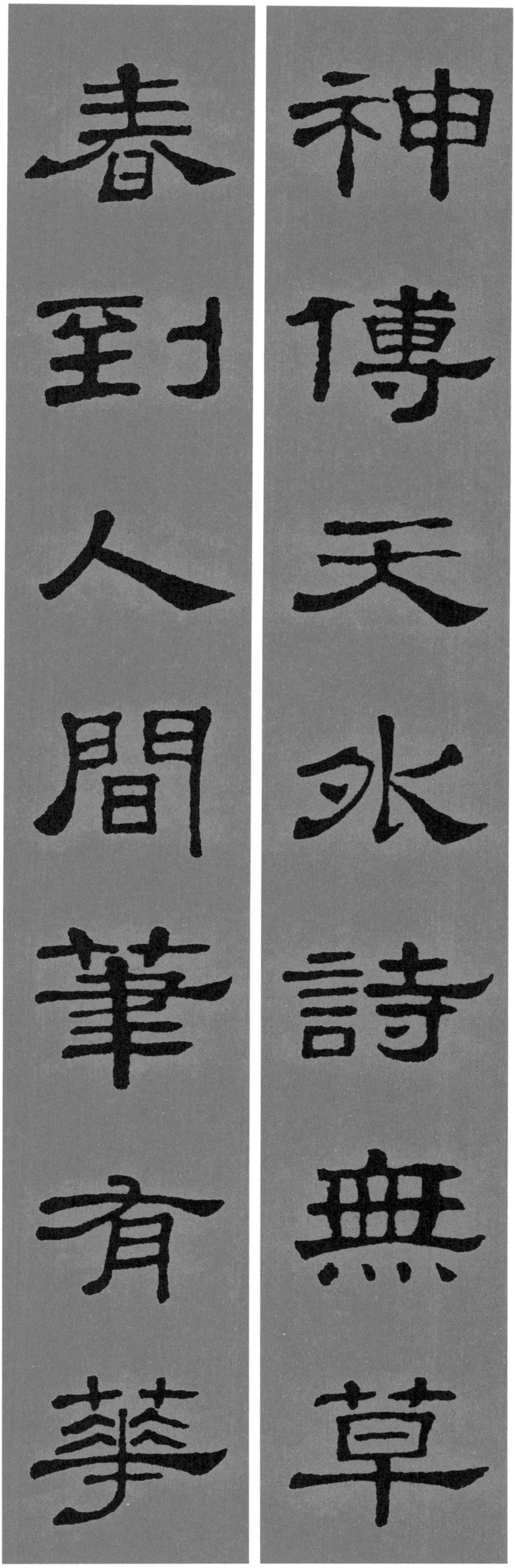


上联— 神传天外诗无草
下联— 春到人间笔有花

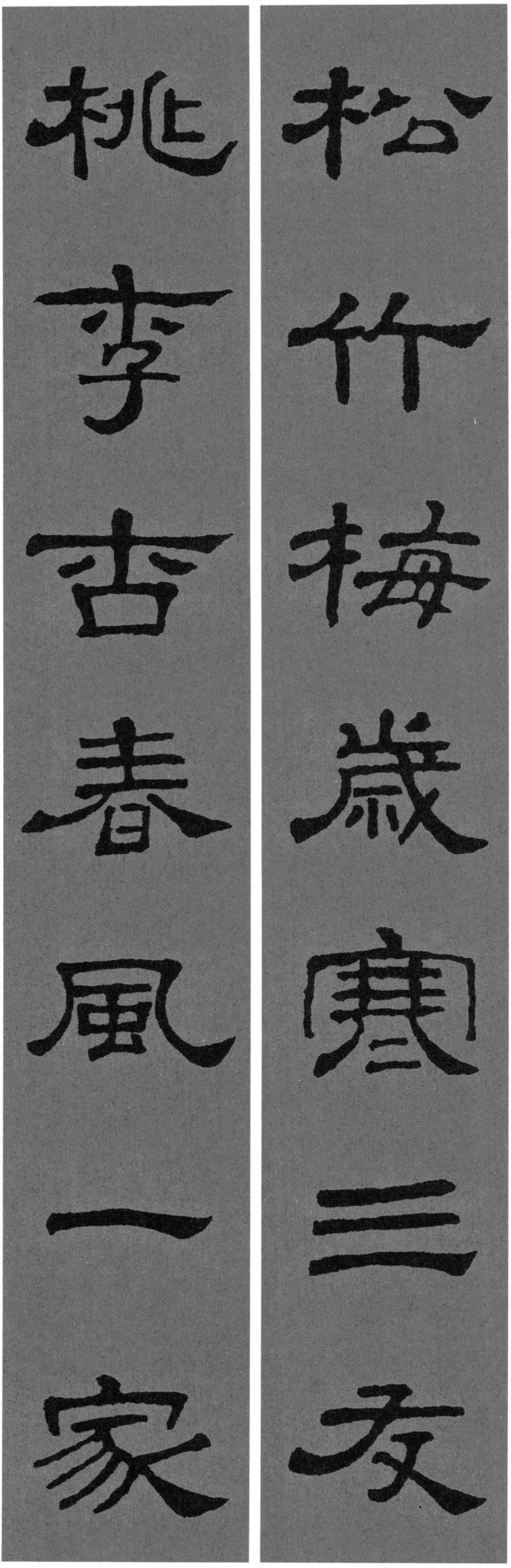


上联：松竹梅岁寒三友
下联：桃李杏春风一家

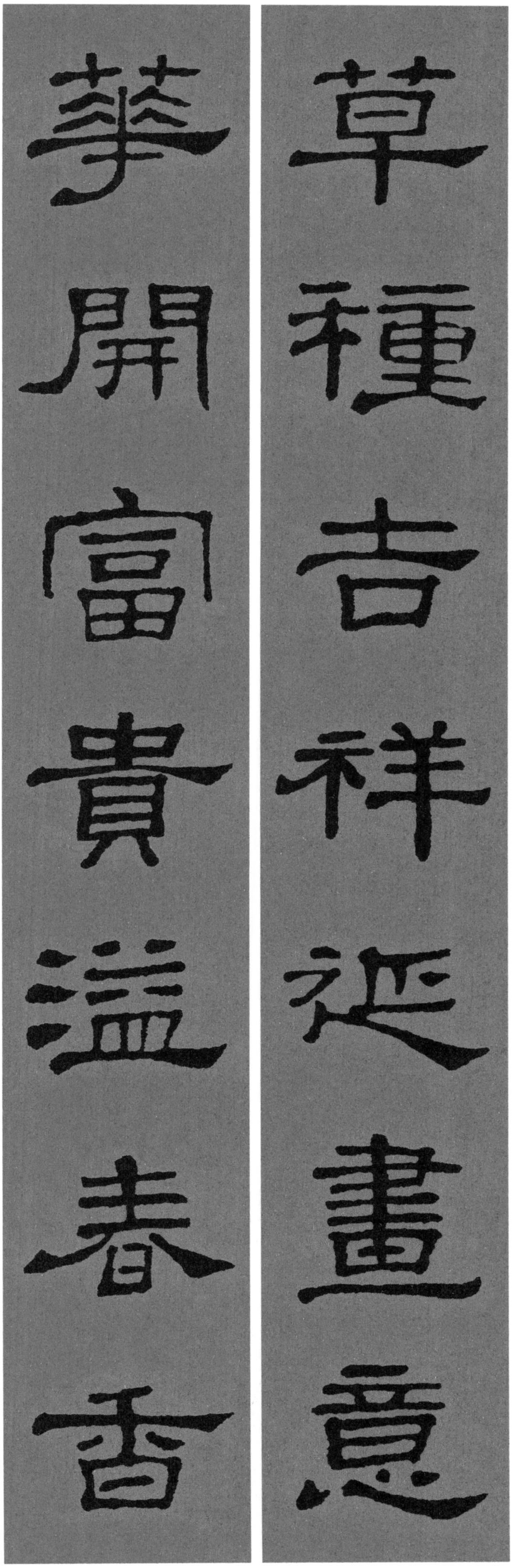

上联—草种吉祥延画意
下联—花开富贵溢春香

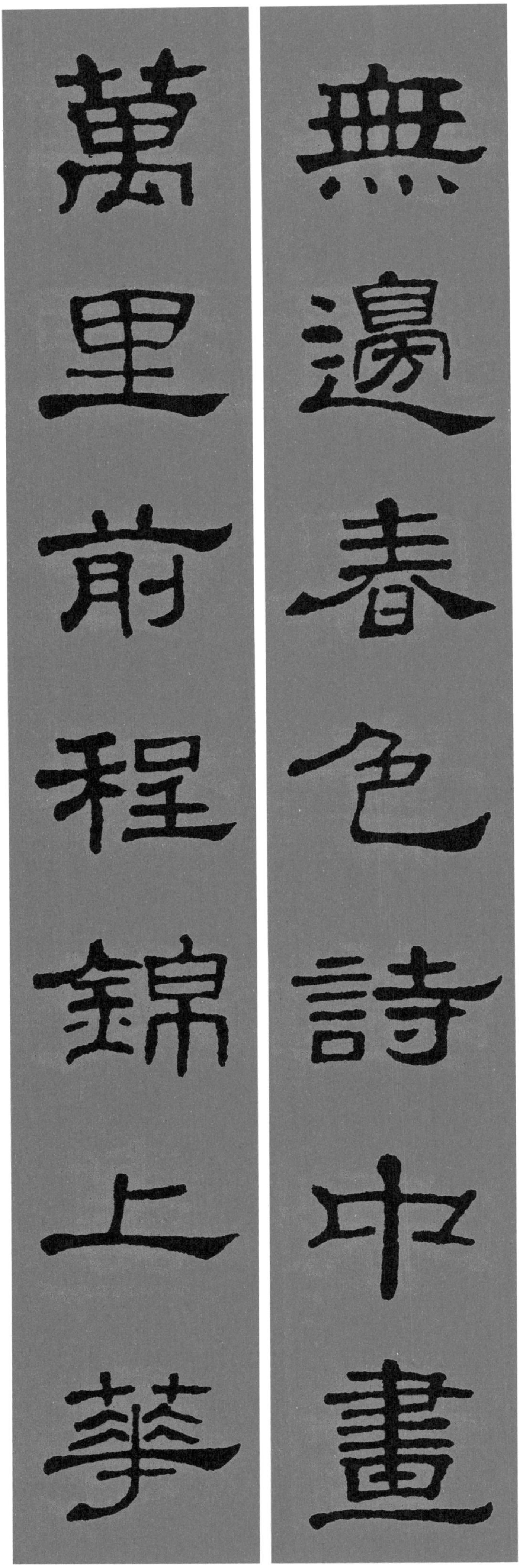
無邊春色詩中畫
萬里前程錦上華

上联—无边春色诗中画
下联—万里前程锦上花

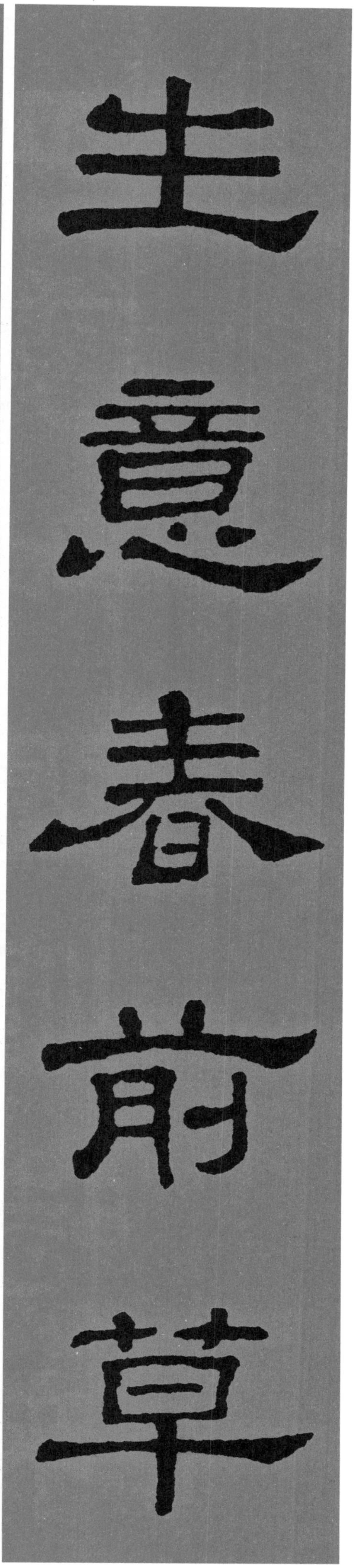


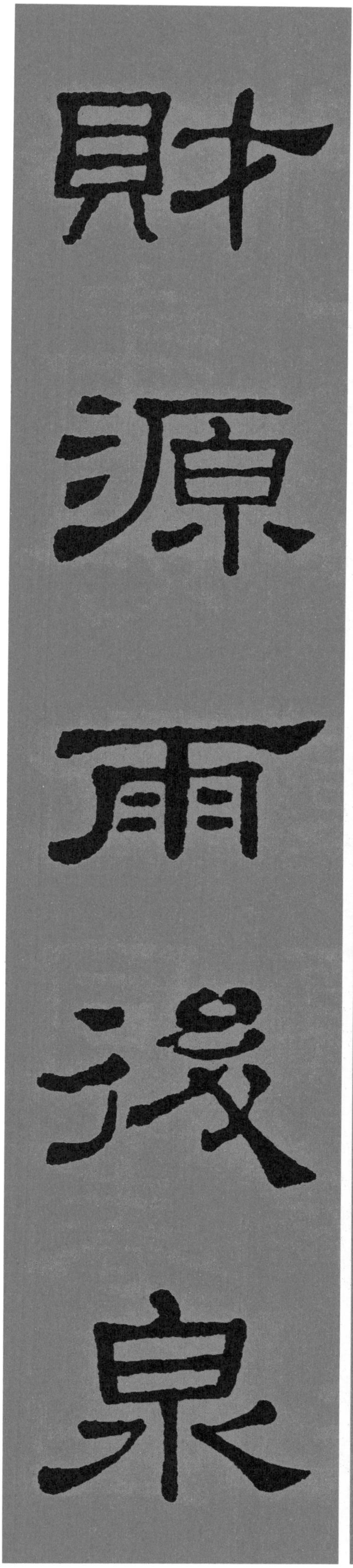


上联 一 生意春前草
下联 一 财源雨后泉

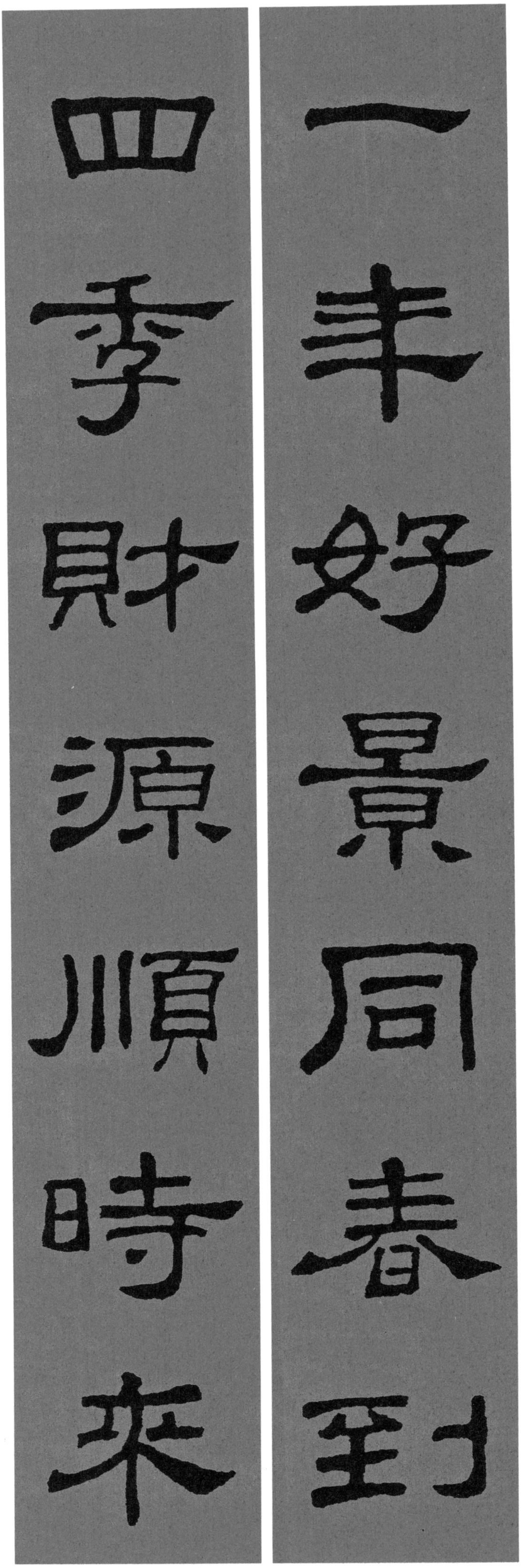
一年好景同春到
四季財源順時來

上联：一年好景同春到
下联：四季财源顺时来

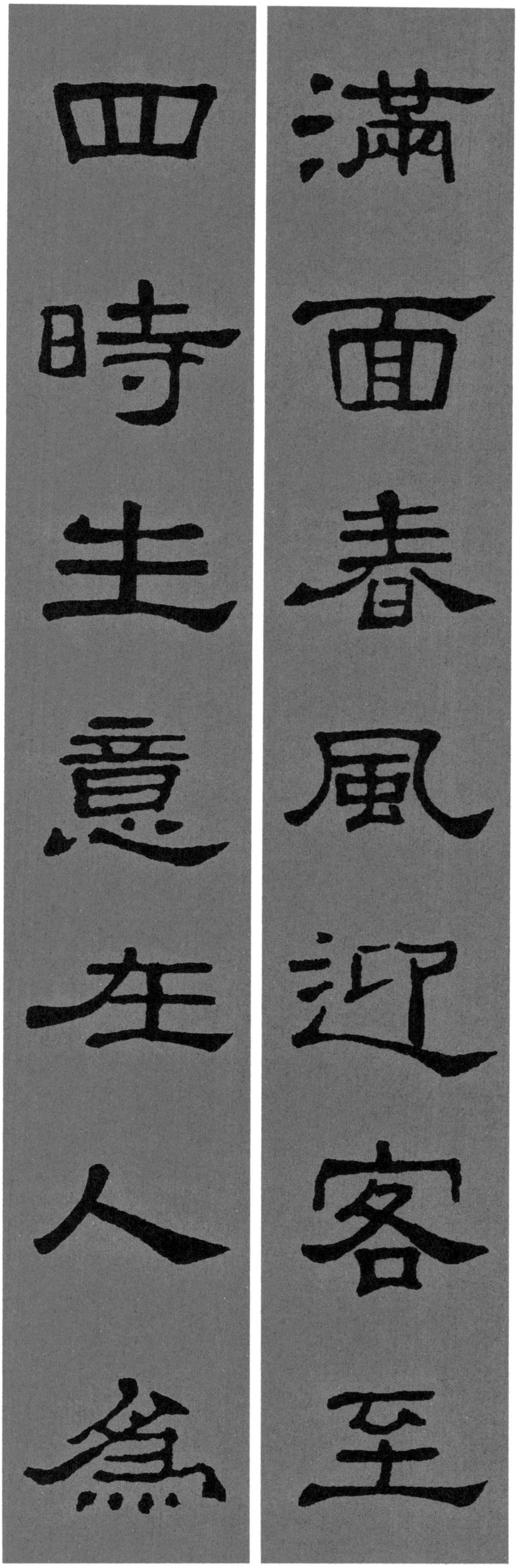


上联｜满面春风迎客至
下联｜四时生意在人为

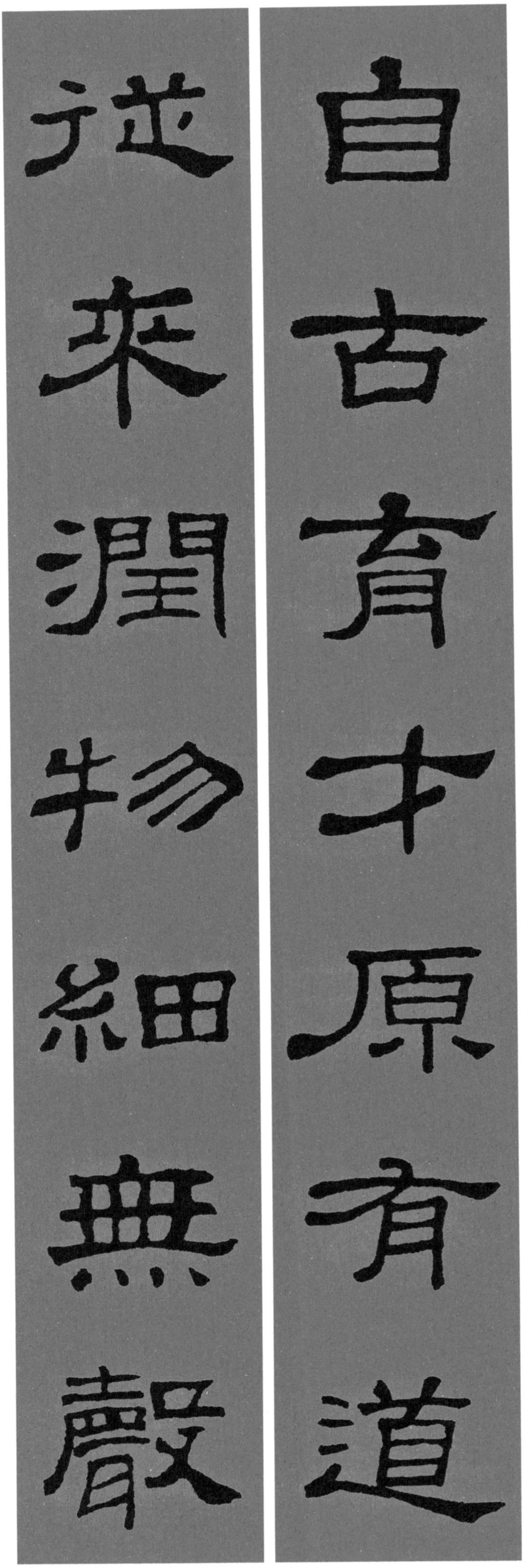


上联一 自古育才原有道
下联一 从来润物细无声

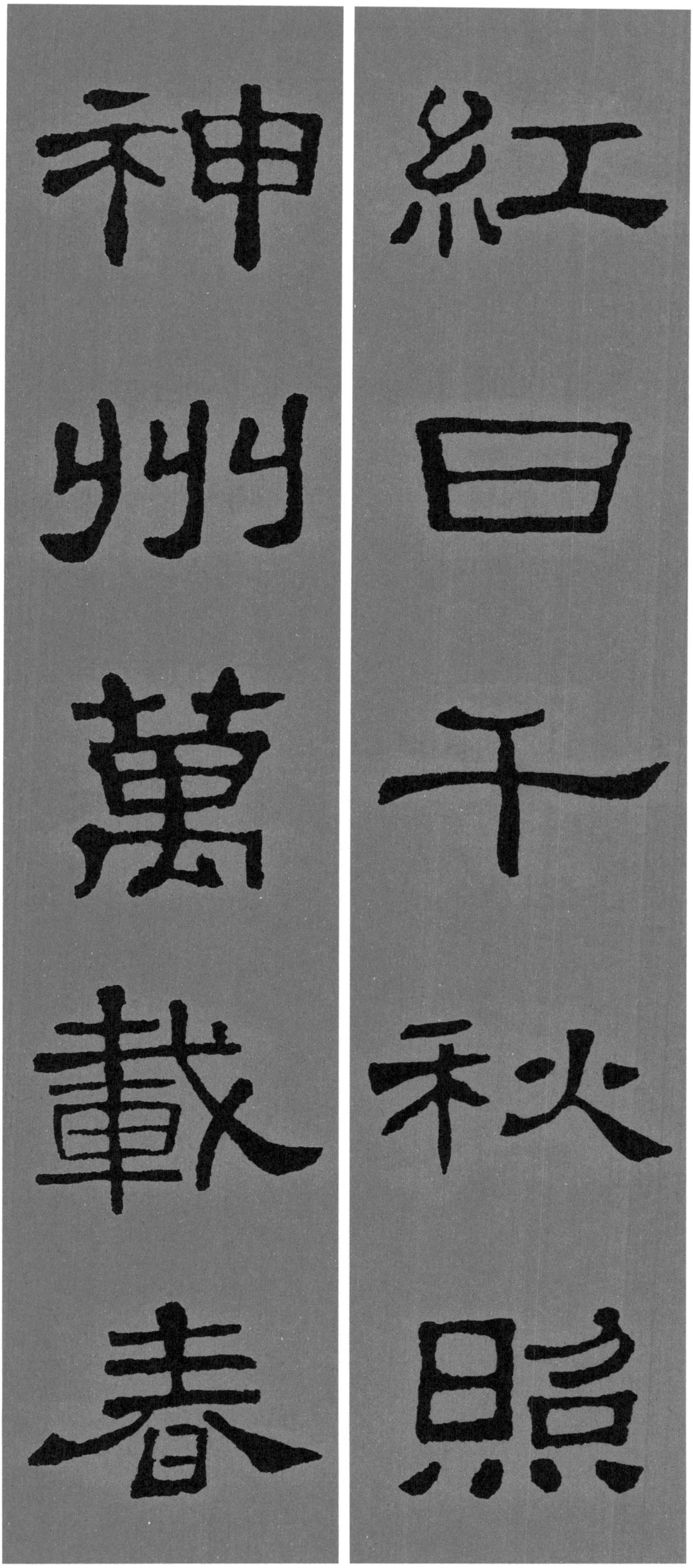


上联 红日千秋照
下联 神州万载春

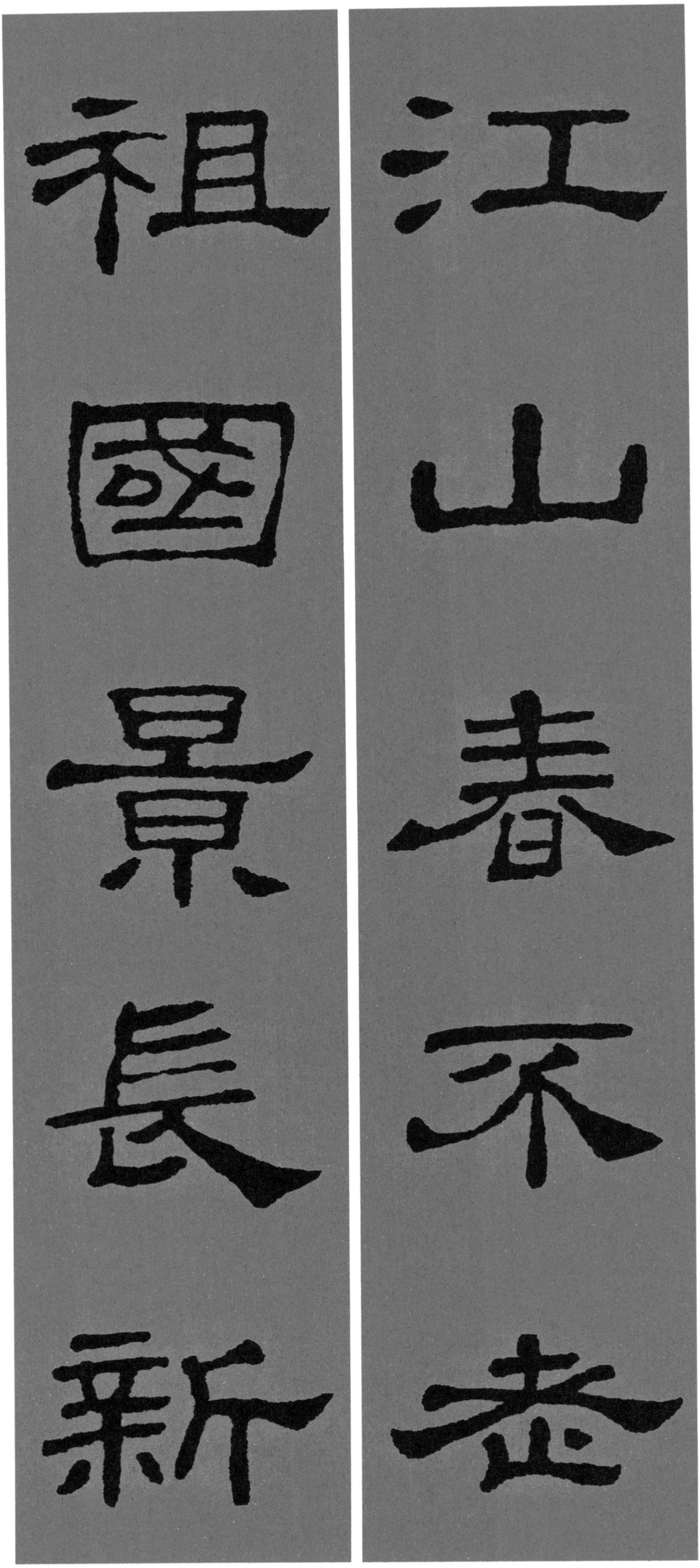


上联—江山春不老
下联—祖国景长新

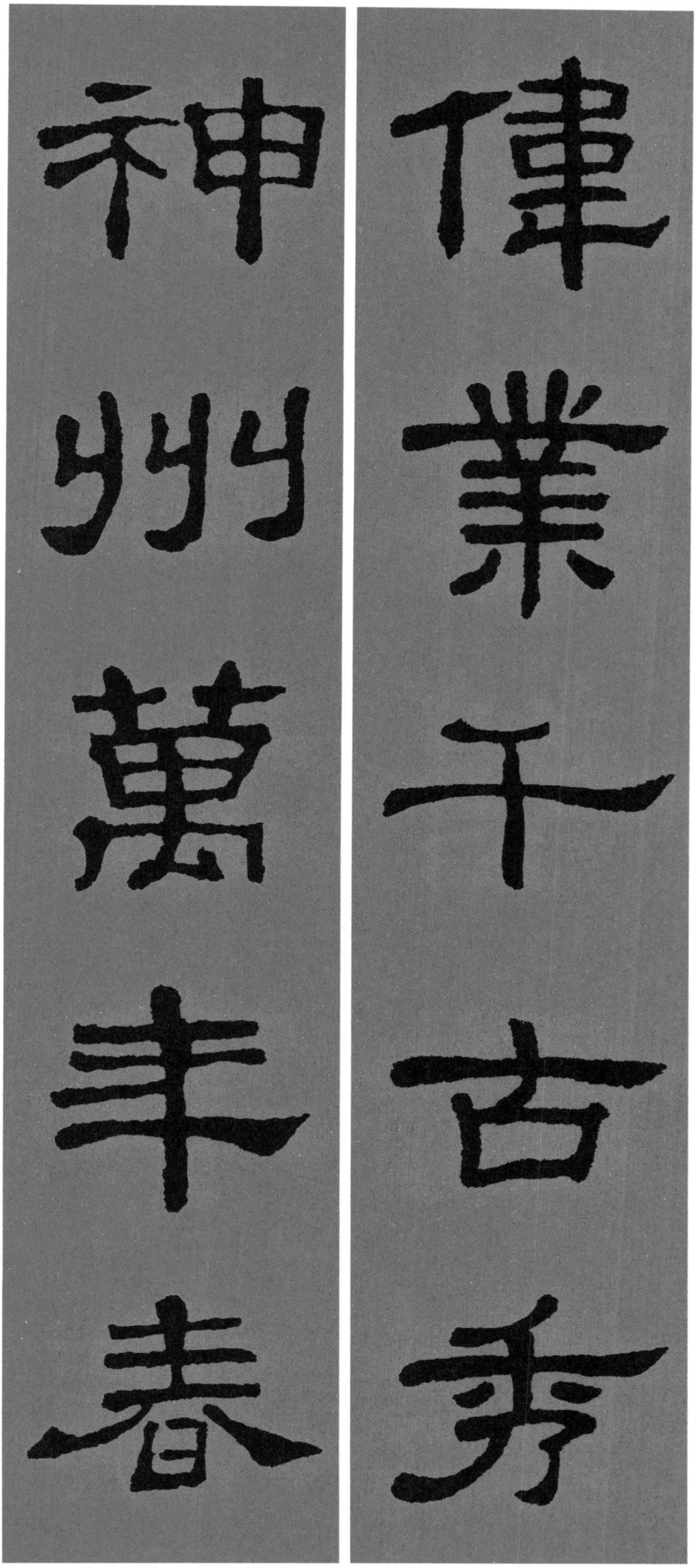


上联｜伟业千古秀
下联｜神州万年春

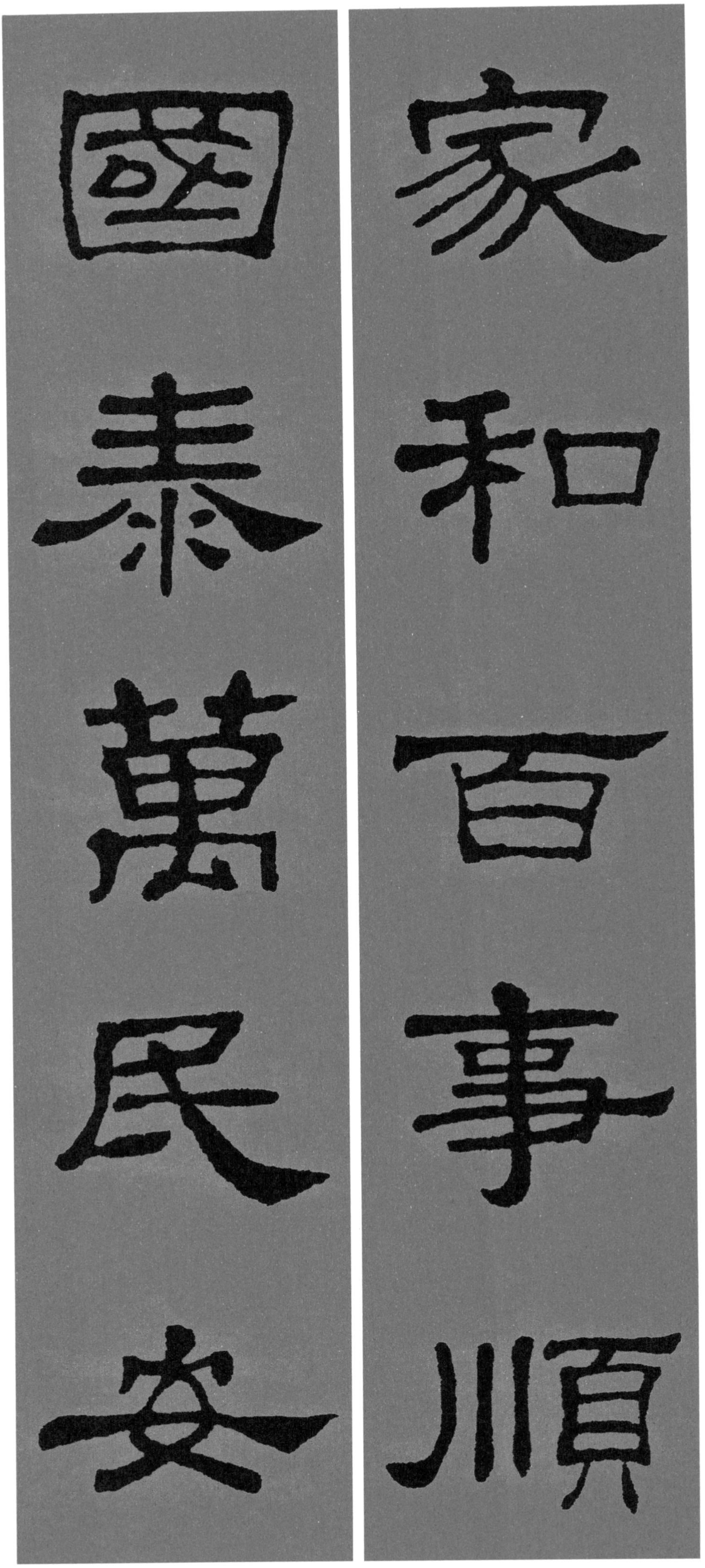


上联—家和百事顺
下联—国泰万民安

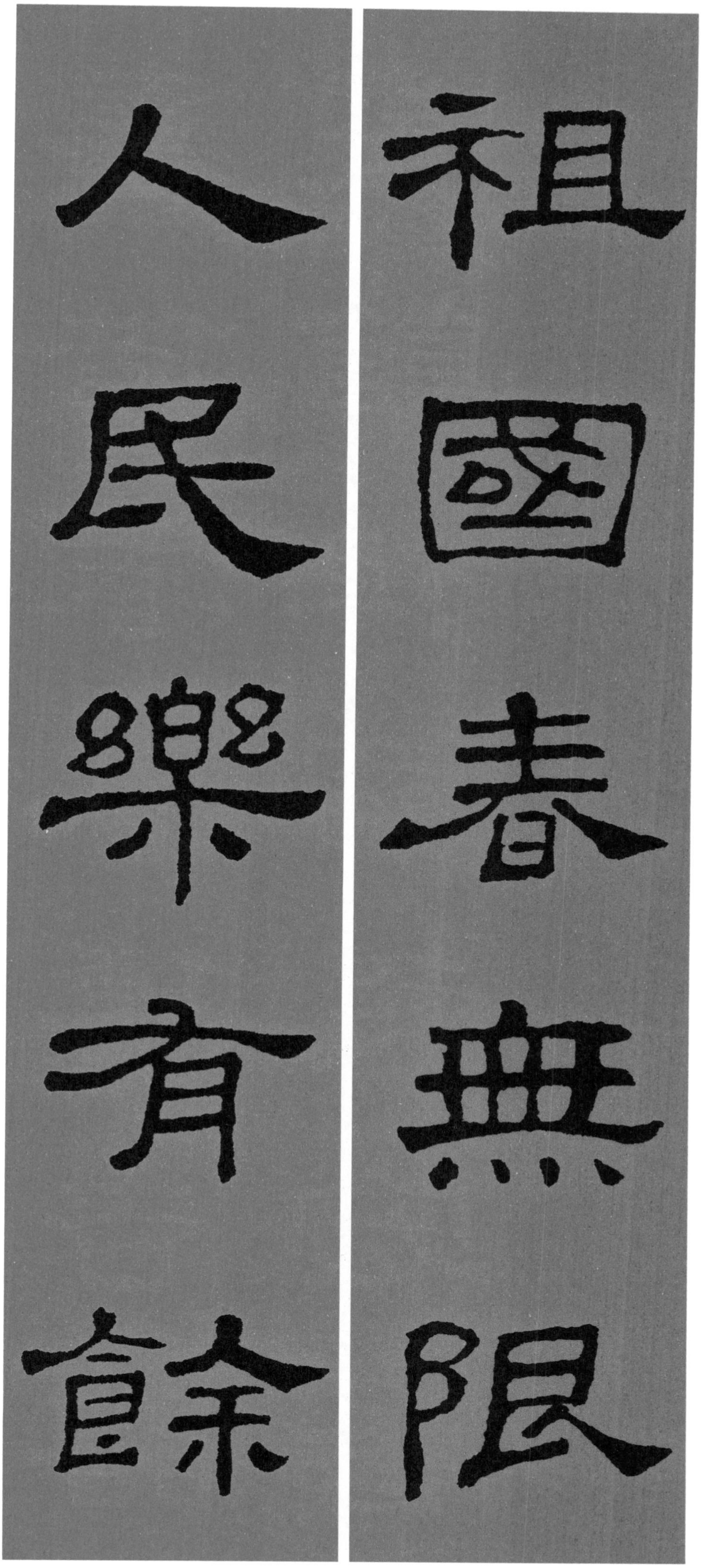


上联一祖国春无限
下联一人民乐有余

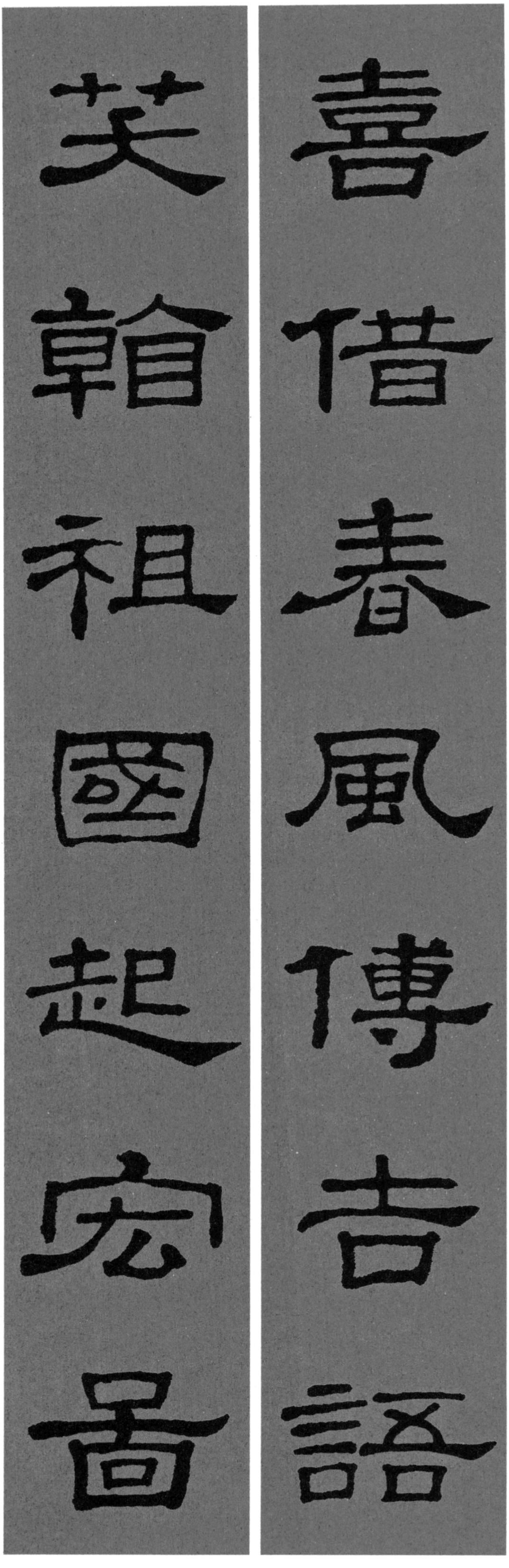
喜借春風傳吉語
笑看祖國起宏圖

上联—喜借春风传吉语
下联—笑看祖国起宏图

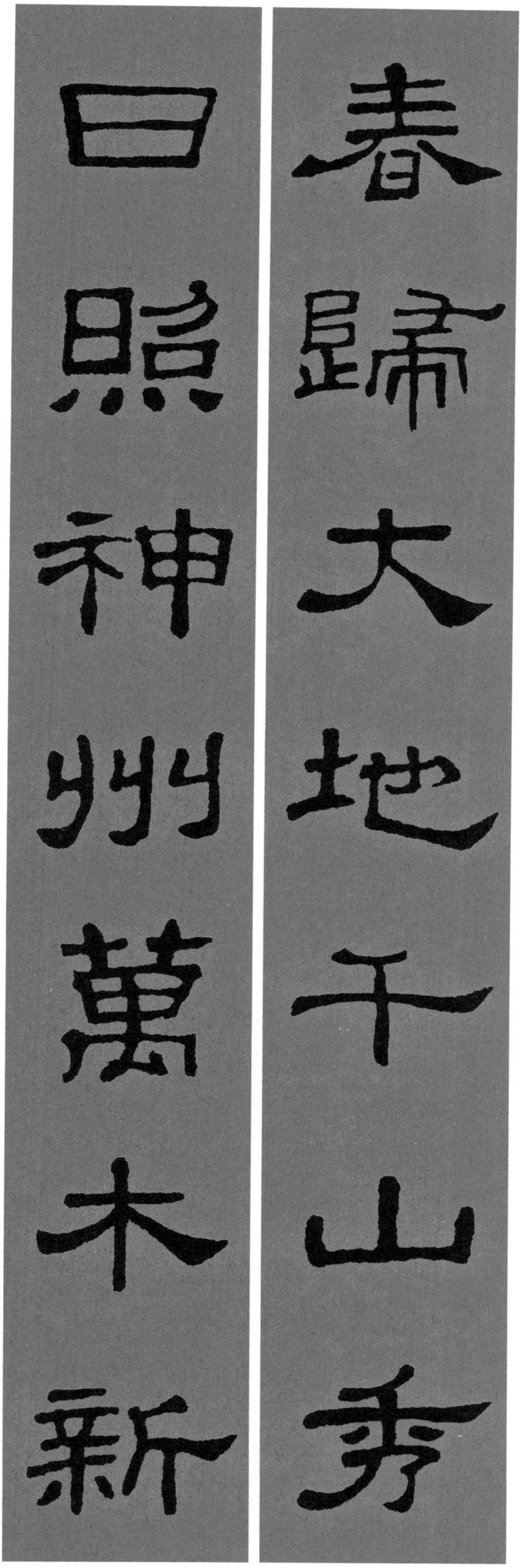


上联一春归大地千山秀
下联一日照神州万木新

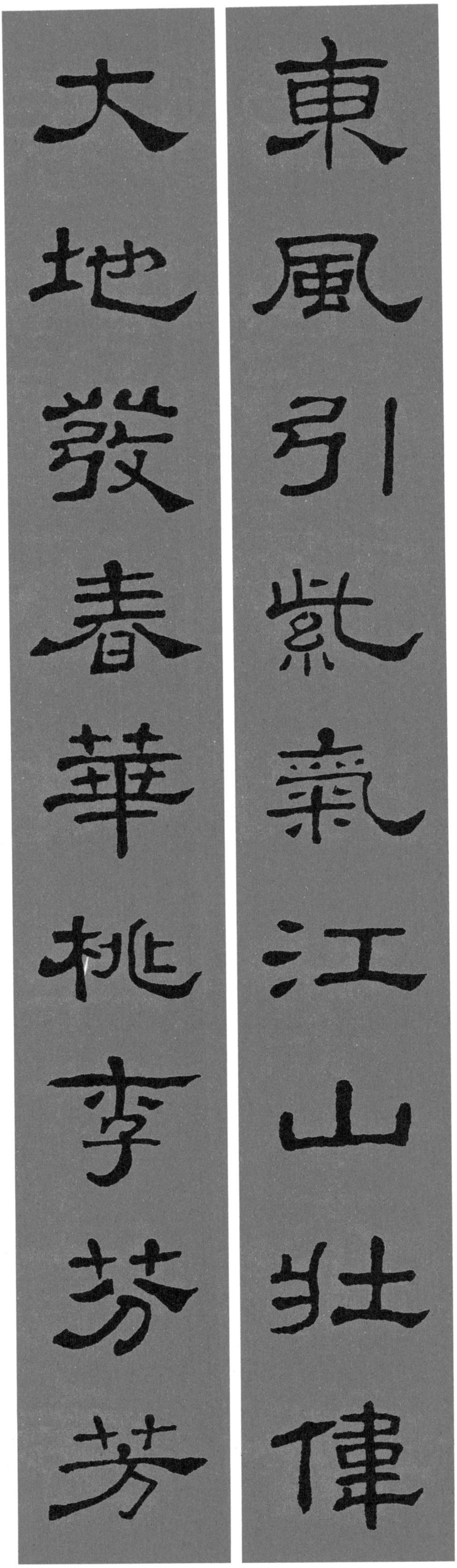
東風引紫氣江山壯偉
大地發春華桃李芬芳

上联—东风引紫气江山壮伟
下联—大地发春华桃李芬芳

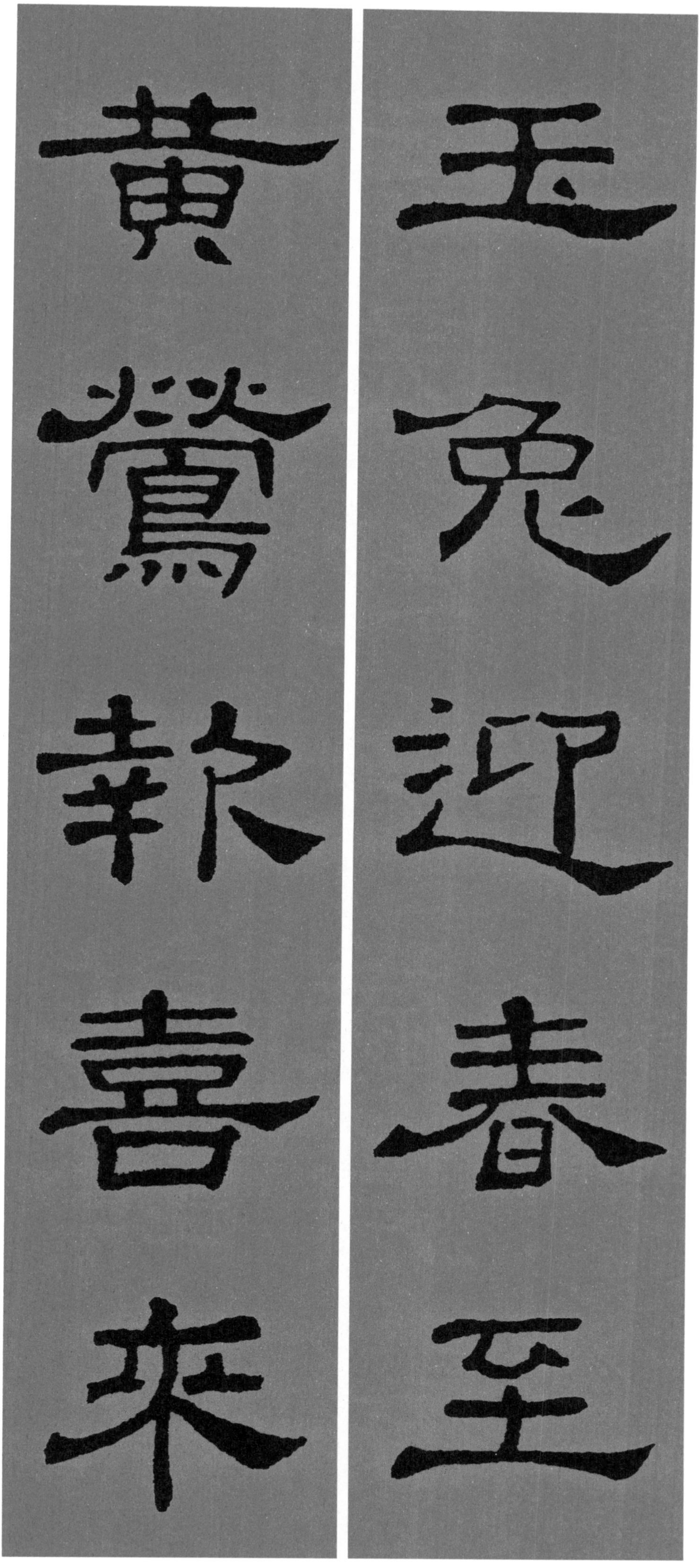

上联—玉兔迎春至
下联—黄莺报喜来

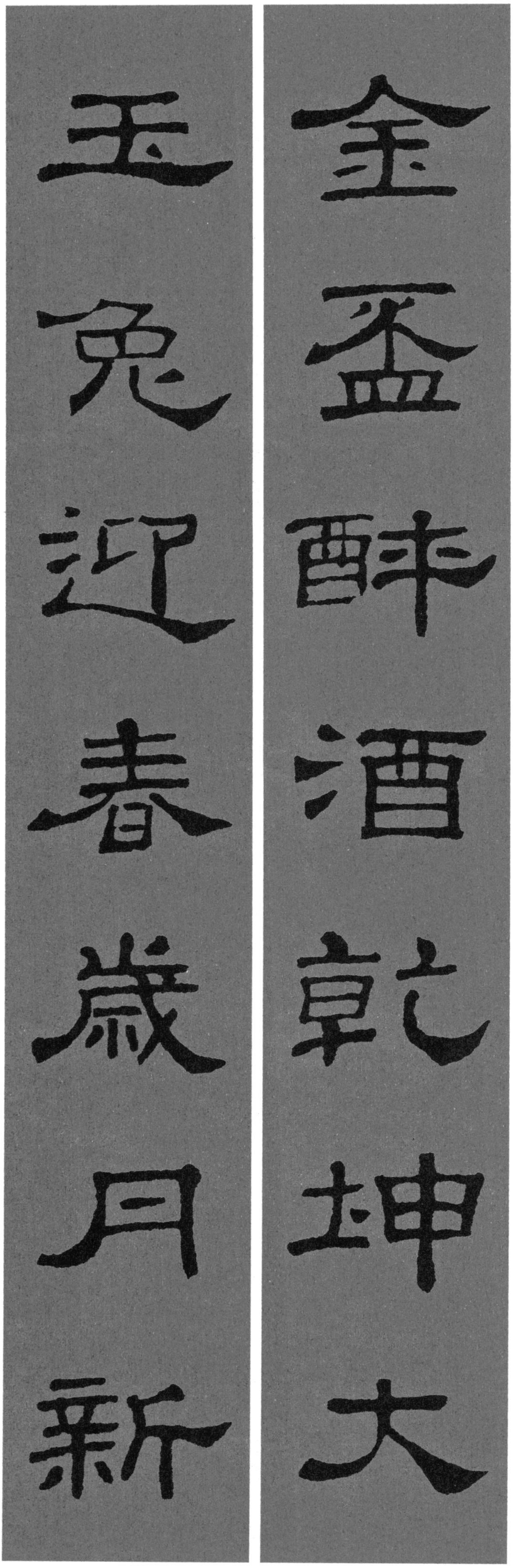
金盃醉酒乾坤大
玉兔迎春歲月新

上联—金杯醉酒乾坤大
下联—玉兔迎春岁月新

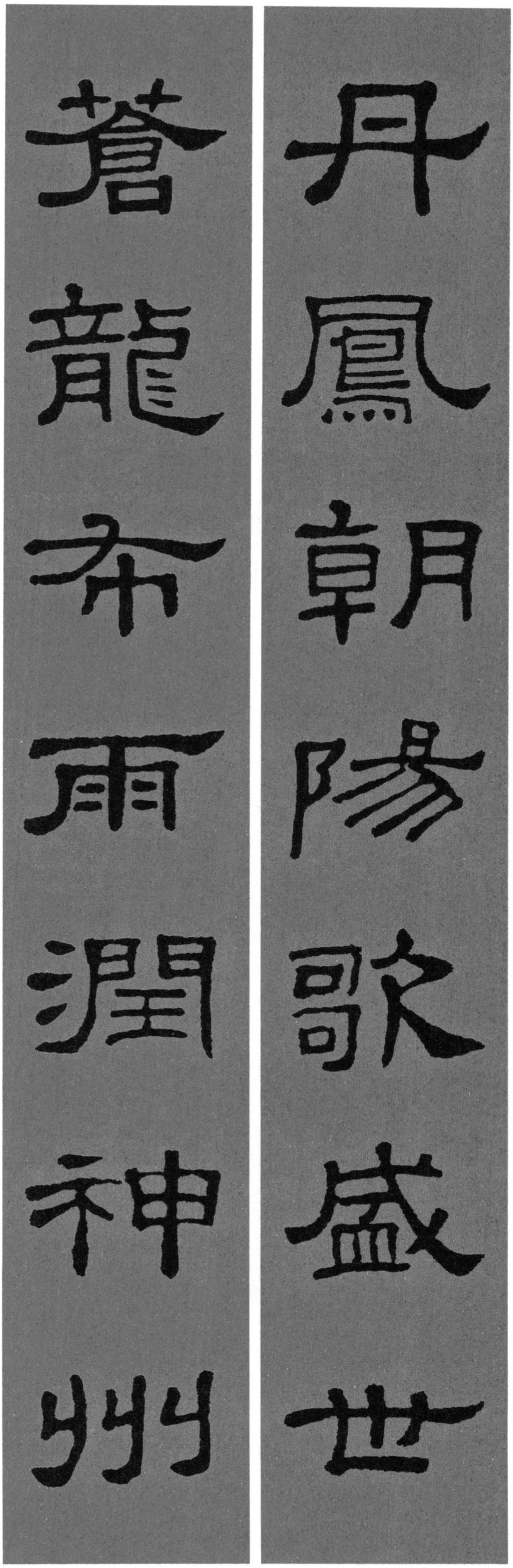
丹鳳朝陽歌盛世
蒼龍布雨潤神州

上联—丹凤朝阳歌盛世
下联—苍龙布雨润神州

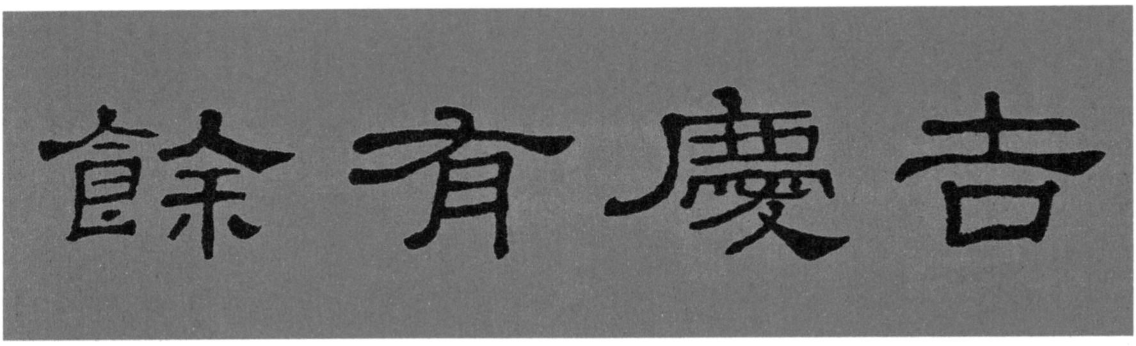


横披| 吉庆有余

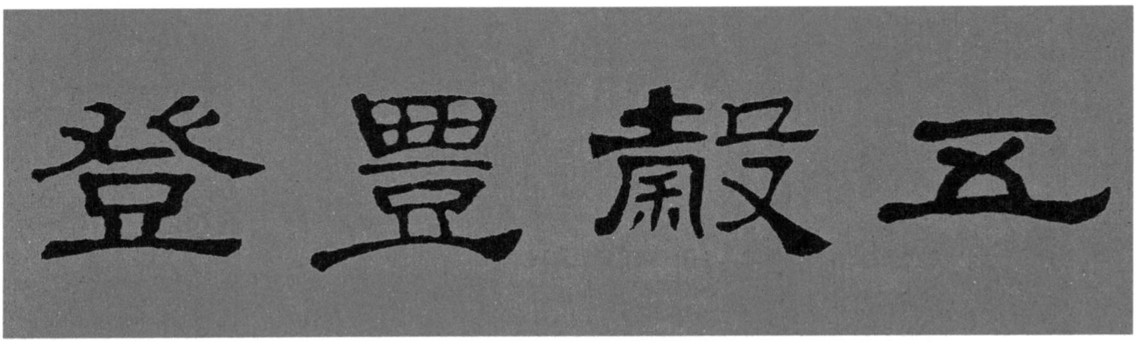


横披| 五谷丰登

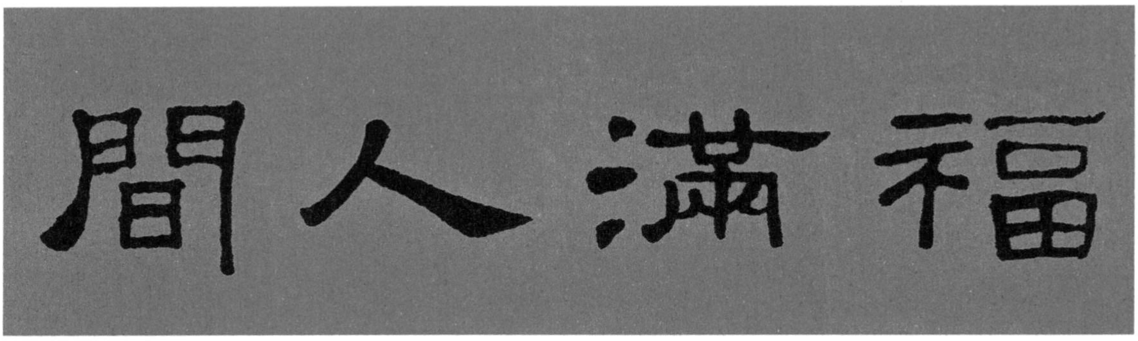


横披| 福满人间

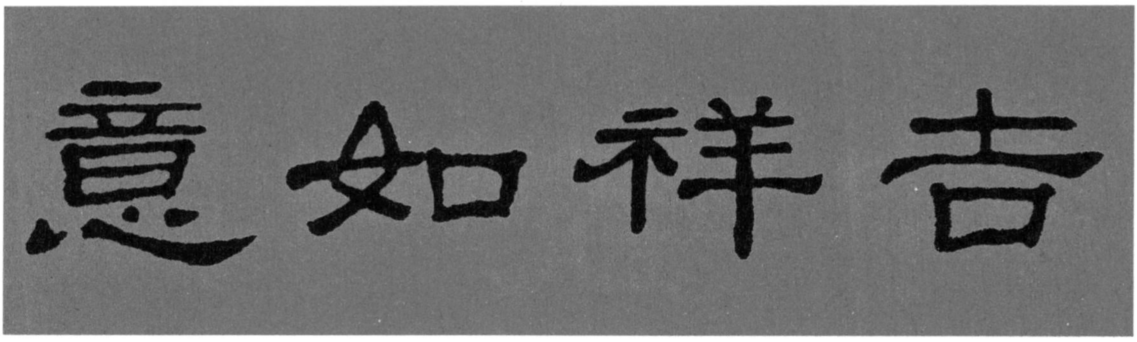


横披| 吉祥如意

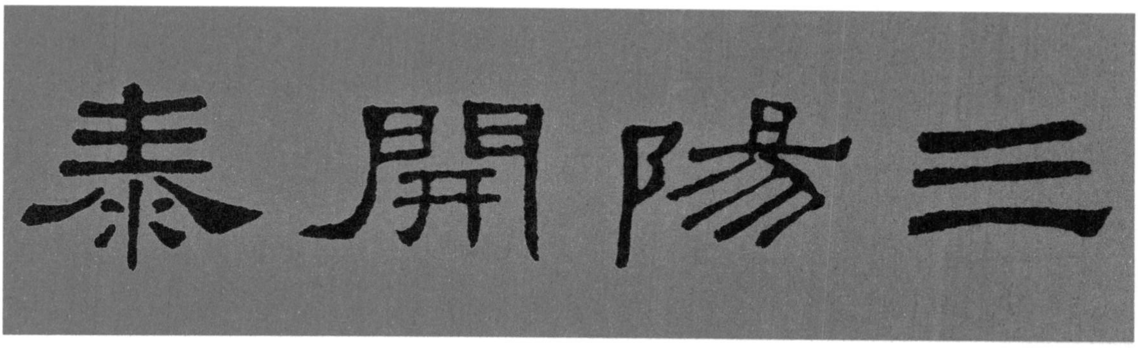


横披｜ 三阳开泰

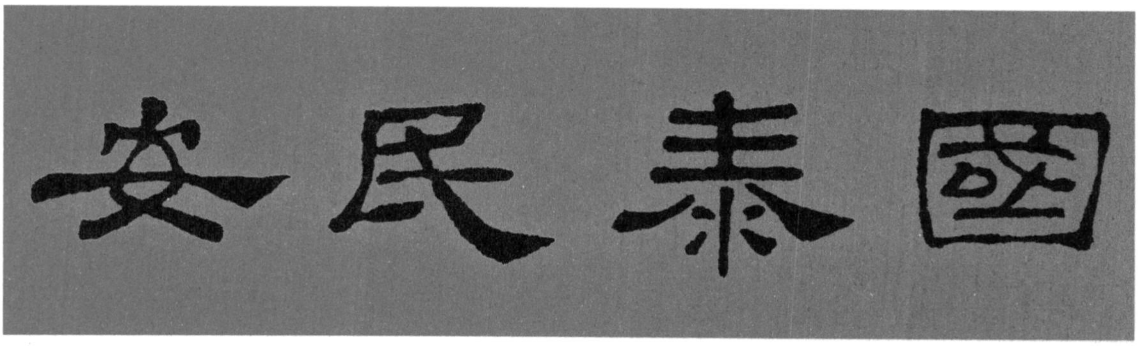


横披｜ 国泰民安

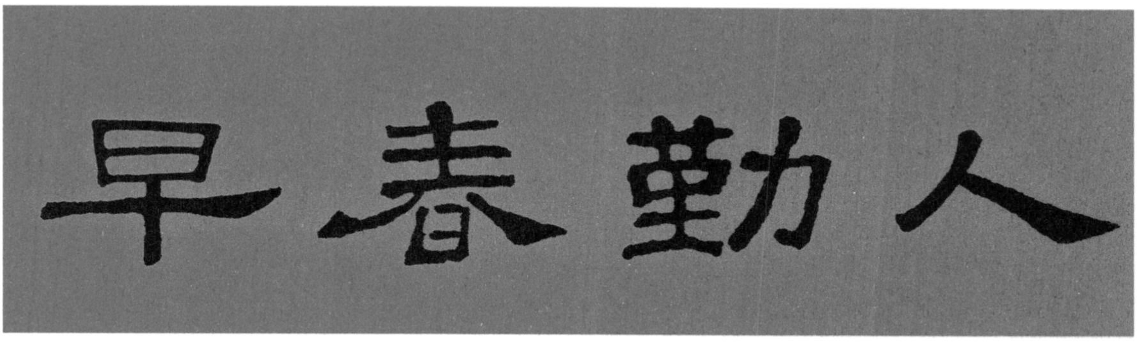


横披｜ 人勤春早

**小贴士**



### 我国的第一副春联

五代后蜀主孟昶的“新年纳余庆，嘉节号长春”是我国的第一副春联。上联的大意是：新年享受着先代的遗泽。下联的大意是：佳节预示着春意常在。

**图书在版编目(CIP)数据**
史晨碑集字春联 / 程峰编. -- 上海：上海书画出版社，2022.10
（春联挥毫必备）
ISBN 978-7-5479-2901-8
Ⅰ. ①史… Ⅱ. ①程… Ⅲ. ①隶书—碑帖—中国—东汉时代 Ⅳ. ①J292.22
中国版本图书馆CIP数据核字(2022)第174867号

# 史晨碑集字春联
## 春联挥毫必备

程峰 编

| | |
|---|---|
| 责任编辑 | 张恒烟　冯彦芹 |
| 审　　读 | 陈家红 |
| 责任校对 | 朱　慧 |
| 技术编辑 | 包赛明 |
| 出版发行 | 上海世纪出版集团<br>上海书画出版社 |
| 地址 | 上海市闵行区号景路159弄A座4楼 |
| 邮政编码 | 201101 |
| 网址 | www.shshuhua.com |
| E-mail | shcpph@163.com |
| 制版 | 上海久段文化发展有限公司 |
| 印刷 | 浙江海虹彩色印务有限公司 |
| 经销 | 各地新华书店 |
| 开本 | 690×787　1/8 |
| 印张 | 10 |
| 版次 | 2022年10月第1版　2022年10月第1次印刷 |
| 印数 | 0,001–4,000 |

**书号**　**ISBN 978-7-5479-2901-8**
**定价**　**35.00元**